CONSEIL MUNICIPAL DE PARIS

1895

RAPPORT

Au nom de la 2e Commission (1), *sur un projet de* **restauration de l'église Saint-Eustache**

PRÉSENTÉ PAR

M. Alfred LAMOUROUX

CONSEILLER MUNICIPAL

MESSIEURS,

Le rapport que nous avons l'honneur de vous soumettre, au nom de la 2e Commission, comprend trois parties :

1° Un exposé que nous avons cru devoir faire aussi détaillé que possible afin d'éclairer votre jugement;

2° Une esquisse rapide du monument et des phases qu'il a traversées, ce qui nous permet de vous rappeler l'intérêt qu'il présente, tant au point de vue de l'histoire de Paris que du mouvement artistique de la Renaissance;

3° Un résumé succinct suivi des conclusions qui vous sont présentées, d'accord entre l'Administration et la 2e Commission.

Nous avons rejeté en *annexes* quelques documents, qui nous ont paru présenter un intérêt rétrospectif ou d'actualité, mais qui auraient alourdi inutilement notre texte.

---

(1) La 2e Commission (*Administration générale—Police—Sapeurs-pompiers*) est composée de MM. Alfred Lamouroux, *président;* Foussier, *vice-président:* Deville, *secrétaire;* Archain, Berthelot, Cornet, Despatys, Fourest, Grébauval, Hervieu, Opportun, Georges Villain.

N° 57.

PREMIÈRE PARTIE

Exposé.

Depuis nombre d'années, les façades de l'église Saint-Eustache sont dans un tel état de délabrement et de vétusté que, principalement pendant les gelées, des pierres se détachent et viennent tomber sur la voie publique.

Cet état avait été signalé, dès le 25 juin 1885, par M. Huillard, architecte de la 1re section, qui insistait sur la nécessité d'entreprendre, à bref délai, la restauration générale, et un rapport était adressé par lui à l'Administration, le 23 novembre suivant, contenant un devis sommaire des travaux nécessaires à cette restauration, devis qui s'élevait à la somme de 714,413 francs.

Si l'on avait adopté alors les vues de cet architecte érudit, on eût évité bien des ennuis et des dépenses inutiles.

Malheureusement, comme l'église dont il s'agit est classée comme monument historique, on dut prendre l'avis du ministère de l'Instruction publique.

Ce dernier demanda quelques modifications à opérer d'accord avec M. Selmersheim, architecte inspecteur des monuments historiques de Paris, et, faisant observer que tous les travaux prévus n'avaient pas le même caractère d'urgence, il réclama leur fractionnement par annuités de 40 à 50,000 francs.

Un nouveau devis conçu dans cet ordre d'idées fut alors soumis au ministre, mais quand on lui demanda quel serait le chiffre de la contribution que son département pourrait fournir, il fit, au bout de plusieurs mois, cette admirable réponse que l'insuffisance des ressources dont il disposait ne lui permettait pas de contribuer à l'opération autrement que par le conseil de ses architectes.

Pendant que ces pourparlers avaient lieu, un accident survenait qui devait, en engageant la responsabilité de la Ville, démontrer l'urgence qu'il y avait à prendre une détermination; au mois de juin 1887, un menuisier, nommé Vally, passant dans la rue de Rambuteau, était blessé à l'épaule par une pierre détachée du faîte de l'édifice.

On nomma donc une Commission d'architectes autorisés, composée de MM. Ch. Garnier, Vaudremer et Salleron, qui se réunit le 17 mai 1888 et chargea M. Huillard de dresser un devis des travaux strictement indispensables, pour éviter toute nouvelle chute de pierres sur la voie publique. Ce dernier conclut à une dépense de 32,000 francs.

La fabrique, mise en demeure d'avancer cette somme, offrit un premier acompte de 5,500 francs, mais elle avisa l'Administration qu'elle avait fait choix, pour diriger les travaux, d'un architecte indépendant de la Ville, M. Drevet.

A partir de cette époque, le rôle du service d'Architecture se borna à approuver les devis et à s'assurer de l'exécution des travaux, qui se limitèrent du reste, jusqu'en 1890, à l'établissement d'une clôture en planches, mise en place le long de la rue de Rambuteau pendant l'année 1889.

Les gelées de l'hiver 1890-1891 avaient fortement endommagé le monument, que l'on se bornait toujours, faute de fonds, à surveiller.

Le 10 avril 1891, une pierre pesant environ 250 kilos et provenant du chapiteau du pilastre d'angle de la façade latérale du porche, côté des Halles, se détacha et tombant dans l'enceinte de la clôture en planches enfonça le trottoir.

Il fallait prendre un parti, de nouvelles visites furent faites et un nouveau devis pour les réparations les plus urgentes sur la totalité des façades fut établi par M. Huillard ; il se montait à 430,000 francs environ, auxquels s'ajoutaient plus de 50,000 francs demandés par M. Drevet, pour réparations de couverture et établissement d'un échafaudage devant servir à la restauration complète d'une travée.

Comme conséquence, un mémoire fut introduit au Conseil municipal, le 28 mars 1892, par la direction des Affaires municipales, demandant la coopération de la Ville pour une somme de 50,000 francs à des travaux de réparation, évalués à 200,000 francs et sur le rapport de notre ancien collègue, M. Darlot, le Conseil dans sa séance du 31 décembre 1892 allouait ce crédit, en spécifiant que la contribution, ainsi fixée au quart de la dépense, serait payée par acomptes et après constatation par le service d'Architecture des travaux effectivement exécutés.

Aujourd'hui ces travaux sont faits en partie, mais la direction qui leur a été donnée a rendu presque inutiles, au point de vue de la sécurité publique et de la conservation du monument, les sacrifices importants, que la Ville et la Fabrique s'étaient imposés.

En effet, au lieu de parer, partout où cela était nécessaire, aux besoins les plus urgents, l'architecte M. Drevet, encouragé par le Conseil de fabrique, s'est imaginé de procéder à une restauration complète, travée par travée, travail qu'il a du reste conduit avec un soin et une compétence auxquels nous devons rendre justice.

A l'appui de ce que nous venons de dire, voici l'extrait d'un rapport adressé au Conseil de fabrique, au nom du bureau des marguillers, en date du 3 décembre dernier :

« Vous avez commencé la restauration travée par travée, dit le rapporteur, de façon à diminuer les frais d'échafaudage, en employant les matériaux jugés techniquement les meilleurs et en respectant scrupuleusement les profils et les ornements du monument.

« Votre architecte, dans un rapport qu'il vous a adressé le 30 novembre 1894, vous a indiqué la nature des matériaux employés jusqu'ici ; le socle en roche de Châtillon a été restauré par des revêtements en pierre de Lorraine (Euville) posée coulée en ciment de Portland ; les parties supérieures et toutes les parties hautes portant saillies, en roche douce de Saint-Maximin, hourdée et coulée en mortier de ciment de Portland ; les parties et murs des balustrades des galeries, en banc royal de Saint-Maximin ; les claveaux et arcs-boutants et la balustrade couronnant la grande nef, en roche dure de Saint-Maximin et leurs couronnements, en roche dure de Chauvigny. Les chainages ont été respectés ou refaits avec grand soin ; la toiture a été refaite avec de l'ardoise anglaise n° 12, la plus forte et de qualité supérieure ; les noues en plomb hors d'usage ont été refaites en cuivre avec le plus grand soin, leur charpente refaite, armée de fer pour la rendre indestructible. »

On voit qu'une question d'économie avait dicté la marche suivie dans l'exécution des travaux, mais la Fabrique se souciait médiocrement de la question de responsabilité, qu'elle laissait entièrement à la Ville, en ayant soin de mentionner, dans un des considérants du rapport, que celle-ci avait été déclarée responsable par le Conseil d'État de l'accident arrivé au sieur Vally en 1887 et pour lequel la ville de Paris avait été condamnée après une procédure, ayant duré cinq années, à des dommages et intérêts montant à 15,000 francs.

Or, le mode de procéder employé par l'architecte de la Fabrique pouvait avoir le double avantage d'être momentanément économique et de donner une base certaine d'évaluation pour la restauration complète de l'édifice, mais il laissait subsister presque entièrement le péril que l'on avait voulu conjurer.

Aussi la situation, loin de s'améliorer, n'a fait qu'empirer de jour en jour et la sécurité publique est sérieusement menacée, ainsi que le constate le commissaire de police du quartier des Halles, M. Bureau, à la date du 6 septembre 1894, dans une communication faite à M. le préfet de Police au sujet de l'effondrement des voûtes du sous-sol de l'église Saint-Eustache et de la désagrégation des parties de ce monument donnant sur la voie publique.

Nous croyons devoir reproduire in-extenso cet intéressant document :

Copie d'un rapport, en date du 6 septembre 1894, de M. le commissaire de police du quartier des Halles, au sujet de l'effondrement des voûtes du sous-sol de l'église Saint-Eustache et du désagrègement des parties de cet édifice donnant sur la voie publique.

RAPPORT

J'ai l'honneur de rendre compte à Monsieur le préfet de Police qu'aujourd'hui, à trois heures et demie, ayant été avisé que les voûtes des caves en sous-sol de l'impasse Saint-Eustache, caves dépendant du presbytère de cette église, s'effondraient sous l'action des eaux ménagères des numéros pairs de cette impasse, je me suis rendu sur les lieux et que j'ai constaté ce qui suit :

Une partie des voûtes des caves de l'immeuble au n° 4 de cette impasse, partie située sous la voie pavée, est complètement défoncée.

Seule, la partie pavée du sol extérieur forme encore voûte; le gros mur de côté est attaqué par les infiltrations et se désagrège journellement; malgré les étais qui ont été placés par les soins de l'architecte de l'église, l'effondrement se continue lentement, mais continuellement, et il est à craindre que par suite de la trépidation occasionnée par les voitures de charge et les omnibus, qui circulent en grand nombre dans la rue Montmartre, le sol de l'impasse ne vienne à s'enfoncer complètement.

Il y a lieu, à mon avis, de prendre d'urgence des mesures contre cet état de choses, car, bien que le service d'architecture de l'église ait eu la précaution d'installer un tuyau qui conduit les eaux ménagères directement à l'égout, les pluies survenues ces jours derniers, ont continué le travail de de désagrégation des sous-sols, et, actuellement des travaux importants de réfection peuvent seuls arrêter l'effondrement total.

Les ouvriers employés jusqu'à ce jour aux travaux de réfection souterrains ne peuvent plus, sans danger, procéder au soutènement des voûtes.

A la suite de cette visite, mon attention a été attirée sur les gargouilles, dites « gueulards » des premières et deuxièmes galeries de l'église, et j'ai constaté de visu que quatre d'entre elles, celles situées du côté de la rue Rambuteau, premières et deuxièmes galeries, étaient complètement désagrégées, fendues, et que, d'un instant à l'autre, elles pouvaient tomber sur la voie publique.

Le fait s'est d'ailleurs produit hier, vers cinq heures du soir. L'une de ces gargouilles, celle située à la deuxième galerie près du premier arc-boutant de droite dans la partie faisant face à l'allée des Prouvaires, s'est détachée subitement, est tombée sur la gargouille correspondante de la première galerie, qu'elle a brisée et est venue s'abattre, fort heureusement, à l'intérieur de la partie échafaudée et garantie par la cloison de planches qui entoure l'église du côté de la rue Rambuteau.

Au cours de cette visite, j'ai constaté également que, sur différents points de la construction, des parties importantes de la maçonnerie sont pourries, effritées et peuvent d'un moment à l'autre tomber sur la voie publique où elles ne manqueraient pas d'occasionner de graves accidents, car c'est par un hasard, que l'on peut traiter de providentiel, que la gargouille qui s'est détachée de la quatrième galerie est tombée à l'intérieur de la barrière de planches dont j'ai parlé plus haut. En effet, si la gargouille inférieure n'avait pas cédé sous le choc, le bloc de pierre aurait, très certainement, été projeté par le contre-coup sur les fiacres en station sur cet emplacement de la rue Rambuteau.

Il y aurait lieu, à mon avis, de déplacer la station n° 10 dont la tête aboutit en face de la pointe Saint-Eustache, et dont les voitures sont placées précisément le long de la clôture de planches qui sépare les échafaudages de la voie publique.

De l'avis même des ouvriers, journellement occupés à la réfection extérieure de l'église Saint-Eustache, il y a urgence à ce que l'on prenne des mesures de préservation contre les accidents que peut occasionner la chute des gargouilles ou des moellons du gros œuvre extérieur, qui se détachent journellement des différentes parties de l'église Saint-Eustache donnant sur la voie publique.

Je joins au présent un morceau de pierre prise à la deuxième galerie sur un chapiteau dominant la voie pubique.

Le commissaire de police,
Signé : BUREAU.

Pour copie conforme :

Le chef de la 2e division,
BESANÇON.

On voit que l'église, ébranlée par la trépidation d'un mauvais pavage, est représentée comme s'effrittant et se crevassant de toutes parts, succombant ainsi peu à peu aux injures du temps et des hommes.

Le danger pressait, on déplaça la station de voitures menacée, et le préfet de la Seine, saisi de l'affaire par son collègue, fit procéder à une visite sommaire.

Dans une note au directeur des Affaires municipales, M. Bouvard, inspecteur des services municipaux d'Architecture, déclare qu'il est indispensable de procéder aux travaux de sécurité proposés depuis le 6 juin 1891, il est dans la nécessité de décliner toute responsabilité dans les conséquences pouvant résulter de l'état de choses actuel.

Voici les premières mesures proposées par l'architecte de la 1re section, M. Gion, qui a succédé à M. Huillard :

« Il est nécessaire, dit-il, de procéder à la révision de toutes les façades sur les voies publiques, de scinder les pierres et de déposer celles qui menacent ruine, en ayant grand soin de conserver et de réparer celles qui portent des sculptures ou moulures, afin de les retrouver, au moment de leur remplacement définitif, de boucher provisoirement les emplacements des pierres enlevées, de couvrir en métal toutes les gargouilles, qui se détériorent de plus en plus et qui viendront sûrement à tomber dans un temps plus ou moins rapproché, enfin de réparer les couvertures à la suite des travaux.

« Il ne s'agit pas de faire tomber, selon l'expression de la préfecture de Police, mais bien de déposer, ce qui sera coûteux, car on ne peut le faire sans échafaudages en charpente pour certaines parties et ordinaires pour d'autres. Sans ces échafaudages, il n'est pas possible de faire un examen sérieux de l'état des façades et de dresser un devis. »

Devant la nécessité d'établir un échafaudage autour du monument tout entier et d'entreprendre des dépenses de sécurité seulement, se montant à une somme de près de 200,000 francs, l'Administration, après avoir pris l'avis de tous les services intéressés, acquit la conviction qu'il serait à la fois plus pratique et moins dispendieux d'entreprendre enfin la restauration complète, au lieu de terminer sur un point en laissant s'aggraver la situation du reste de l'édifice ou d'engloutir successivement des sommes considérables dans des opérations, sans cesse renouvelées et d'un effet purement momentané.

Inutile d'ajouter que ces consolidations partielles ne pourraient que mutiler inutilement un des plus beaux morceaux d'architecture que l'on connaisse et un monument dont l'existence a été plus d'une fois mêlée à l'histoire, à la vie même de la grande cité.

D'après M. Bouvard, pour exécuter méthodiquement les travaux de restauration, en commençant par supprimer toutes causes de danger, et en opérant avec tout le soin désirable, la somme qui serait nécessaire s'élèverait au chiffre de 600,000 francs, qui se rapproche à la fois de celui que M. Huillard fixait dès 1885 et de celui auquel arrive M. Drevet, après l'expérience dont nous avons parlé plus haut, une seule travée ayant absorbé le crédit de 150,000 francs mis à la disposition de l'architecte de la Fabrique.

L'honorable directeur du service d'Architecture croit pouvoir assurer que cette somme de 600,000 francs ne serait pas dépassée et l'on sait qu'il ne s'avance jamais en vain.

Les travaux seraient entrepris successivement et devraient être terminés en six années. Nous croyons indispensable d'en confier la direction au service d'Architecture, car il ne faut pas oublier que la ville de Paris a été reconnue responsable des accidents qui pourraient survenir et, de plus, elle doit faire l'avance des fonds.

Voici, en effet, les propositions de l'Administration que nous vous soumettons aujourd'hui : La ville de Paris avancerait les 600,000 francs nécessaires à l'opération, en six annuités égales, et la Fabrique lui rembourserait les trois quarts de la dépense, soit 450,000 francs, par annuités de 15,000 francs, jusqu'à entier paiement de cette somme.

On a conservé la proportionnalité admise par le Conseil municipal, en 1892, sur le rapport de notre ancien collègue M. Darlot.

Hâtons-nous d'ajouter que nous avons l'engagement formel de la Commission de répartition du fonds commun, réunie à l'Archevêché, de donner à la fabrique de Saint-Eustache, dont les ressources sont insuffisantes, une somme annuelle de 15,000 francs pendant trente années, pour rembourser la ville de Paris des 450,000 francs qu'elle avancerait pour son compte, ces avances n'étant pas productives d'intérêts.

On sait que la Commission de répartition du fonds commun, dont M. le directeur des Affaires municipales fait partie de droit, est chargée de venir au secours des fabriques les plus obérées au moyen de ressources, provenant exclusivement des bénéfices produits par le service des Pompes funèbres ; ainsi s'explique la réserve, faite par ladite Commission, de cesser tout paiement de sa subvention, si ces ressources venaient à lui faire défaut par la suppression du monopole, qui a été conféré aux fabriques et consistoires.

En dehors des 450,000 francs dont nous venons de parler, il faut mentionner la subvention que l'on serait en droit de réclamer au ministère de l'Instruction publique, sur le crédit afférent aux monuments historiques et qui viendrait encore, dans une certaine proportion, dégrever la part contributive de la ville de Paris.

Mais, dira-t-on, aux termes du décret du 30 décembre 1809, les fabriques sont tenues de faire procéder à toutes les réparations de quelque nature qu'elles soient, dans les édifices consacrés au culte, sans qu'il y ait lieu d'établir une distinction entre les grosses réparations et les simples réparations d'entretien. Oui certes, mais cette obligation des fabriques doit être combinée avec celles qui incombent aux communes, en vertu des dispositions inscrites à la fois dans le décret du 30 décembre 1809 et dans la loi du 18 juillet 1837.

C'est ainsi qu'en cas d'insuffisances de revenus les art. 94 et 95 du décret précité indiquent à quelles conditions et dans quelle forme la commune peut être appelée à venir en aide à la fabrique.

D'autre part l'art. 30, §§ 14 et 16 de la loi du 18 juillet 1837 a précisé la portée de ces dispositions.

Le principal obligé est toujours la fabrique, qui ne peut réclamer le concours pécuniaire de la commune qu'à défaut de fonds libres et disponibles, mais la commune n'en est pas moins tenue de lui venir en aide et son obligation, pour être subsidiaire, n'en existe pas moins légalement.

Or l'Administration, après examen du budget de la fabrique, reconnait qu'il est de toute impossibilité de lui réclamer l'exécution de tous les travaux.

En effet, en 1892 les recettes ordinaires se sont élevées à 48.629 fr. 03 c., tandis que les dépenses se sont montées à 69,468 fr. 95 c. et, en 1893, les recettes et les dépenses se sont équilibrées à quelques centaines de francs près (74,882 fr. en recettes et 74,395 fr. 55 c. en dépenses).

La question est des plus urgentes, car il résulte d'une note récente de M. Bouvard :

1° Que la fabrique se déclare dans l'impossibilité de poursuivre, au-delà des avances faites par elle, les travaux qu'elle avait entrepris sur la donnée de la délibération susrelatée du 31 décembre 1892 ;

2° Que d'après les rapports de M. Gion, architecte de la 1re section, les rigueurs exceptionnelles de l'hiver 1894-1895 ont encore aggravé l'état de l'église et dans cette situation le service d'Architecture a dû déclarer qu'il déclinait toute responsabilité dans les conséquences pécuniaires ou autres qui pourraient résulter pour la Ville de l'état périlleux encore, sur de nombreux points du monument, en raison de la jurisprudence adoptée par le Conseil d'État dans l'affaire Vally.

Mais il n'est certes pas besoin, Messieurs, d'invoquer des responsabilités financières, alors que votre décision peut être dictée par des raisons d'humanité et aussi par des considérations archéologiques et artistiques de premier ordre.

Or, la vie des citoyens est en péril, menacée aussi se trouve l'existence de ce bijou monumental, dont l'histoire bizarre a été si intimement liée à celle de notre cher Paris.

C'est là une responsabilité autrement importante qu'une question d'argent, si considérable qu'elle soit, et cette responsabilité, je suis certain, Messieurs, que vous ne voudrez pas l'assumer en laissant le temps accomplir fatalement son œuvre de mort et de destruction.

Nous aurions pu terminer ici notre rapport en vous demandant de voter les conclusions proposées par l'Administration, mais nous avons pensé qu'il ne serait pas inutile de rappeler en quelques mots les traits principaux de l'histoire de l'église Saint-Eustache, ne serait-ce que pour montrer comment, après avoir été la paroisse la plus riche de Paris, elle en est devenue l'une des moins fortunées puisqu'elle est obligée de recourir au fonds commun, cette providence des paroisses nécessiteuses.

DEUXIÈME PARTIE

Historique et description de Saint-Eustache.

« L'église parrochiale de Sainct-Eustache est fort ancienne, dit du Breul, et la première qui a été bastie au soulagement de la grande église Sainct-Germain-de-Lauxerrois, car elle estoit ainsi nommée dès le temps que le roy Philippe-Auguste fit clore la ville de murs; car d'icelle retint le nom la prochaine porte de la ville. »

D'après un document certain, rapporté par l'abbé Lebeuf et par Jaillot, on l'appelait déjà ainsi en 1223.

Il s'agit en l'espèce du règlement d'une contestation entre Guillaume de Varzi, doyen de Saint-Germain, et le prêtre ou curé de Saint-Eustache, relativement au partage des revenus de cette dernière église.

Ce n'était pas du reste le premier acte de cette nature et nous ajouterons ce ne fut pas le dernier, car avec le temps les revenus s'accrurent et avec eux les appétits du chapitre de Saint-Germain.

Une sentence arbitrale rendue au mois de février 1213 vise déjà les offrandes, qui se faisaient aux quatre grandes fêtes de l'année dans la chapelle de Sainte-Agnès, nouvellement construite « *super oblationibus novæ capellæ S. Agnetis* »; elle fut confirmée par un jugement de même espèce, rendu en 1216, qui déclare que le doyen de Saint-Germain-l'Auxerrois a le même droit dans la chapelle de Sainte-Agnès que dans l'église de Saint-Germain.

Or, cette petite chapelle, embryon de la magnifique église dont nous esquissons l'histoire, n'était autre qu'une chapelle de secours relevant du chapitre Saint-Germain-l'Auxerrois ainsi que la chapelle de la Tour, connue plus tard sous le nom de Saint-Sauveur, celles de Saint-Roch, de la Madeleine, de la Ville-l'Évêque et autres.

Nous ne pensons pas, en l'absence de toute espèce de preuves et vu le texte si formel, que nous avons cité plus haut, que l'on puisse accepter l'opinion de quelques auteurs, de Dulaure par exemple, qui ont prétendu que la chapelle Sainte-Agnès avait été bâtie sur l'emplacement d'un temple de Cybèle.

Ce qui a donné probablement naissance à cette légende archéologique, c'est la découverte, faite à la fin du XVIIe siècle sous les décombres d'une tour et de murailles, vestiges d'une enceinte de Paris, dans le jardin de l'hôtel de Laval, appartenant alors à un certain abbé Berrier, d'une tête de femme de bronze antique, qui avait une tour sur la tête et dont les yeux avaient été arrachés, apparemment, dit Piganiol (1), parce qu'ils étaient d'argent.

« Cette tête, (2), ajoute-t-il, est plus grosse que le naturel, puisqu'elle a vingt deux « pouces et demi de hauteur, depuis le bas du col jusqu'au haut de la tour, dont « elle est couronnée, deux pieds deux pouces de rondeur et un pied trois pouces » dans la plus grande largeur de la face. »

L'abbé Berrier la plaça dans sa bibliothèque, où le P. du Moulinet « chanoine régulier de Sainte-Geneviève et sçavant antiquaire » qui la vit, la prit, à cause de la tour qui surmontait sa tête, pour la déesse Isis, adorée à Paris, où elle avait eu jadis un temple, dans l'endroit, où s'élève l'église de l'abbaye Saint-Germain-des-Prés et qui aurait également donné son nom au village « d'Issi ».

En 1703, Trévoux hasarda une nouvelle opinion, dans ses mémoires, il prétendit qu'à l'exemple d'autres villes de l'ancienne Gaule, Paris devait avoir sa divinité tutélaire et que l'on était en présence de la déesse Lutèce en personne.

Enfin Moreau de Mautour, membre de l'Académie des médailles, inscriptions et belles-lettres, soutint que cette tête était celle de Cybèle, parce que la tour qui surmonte la tête est un attribut de cette déesse et non de la déesse Isis, et que l'on n'a aucune preuve du culte d'Isis dans les Gaules, tandis que Cybèle y fut révérée en différents temps et en différents lieux, au moment de la domination romaine et que son culte était connu des anciens Parisiens.

Mais, que l'on ait eu affaire à Isis, à Lutèce ou à Cybèle, rien ne prouve que nous soyons ici en présence d'une de ces transformations, si communes cependant, d'un temple païen en une église catholique.

L'hôtel de Laval, où l'on fit cette singulière trouvaille, avait été construit sur les dessins de François Mansard et servit autrefois de demeure à Charles de l'Aubespine, marquis de Châteauneuf-sur-Cher, etc., garde des Sceaux et ministre du roi. Il fut acheté en 1714 pour y établir les bureaux des Saisies réelles. Il était situé presque au bout de la rue Coquillière, du côté de Saint-Eustache.

---

(1) Piganiol, *Description de Paris*, tome III, page 233 et suivantes.

(2) Cette tête est actuellement au musée des antiques de la Bibliothèque nationale.

Un monument qui se respecte ne peut se contenter d'une seule légende, l'église Saint-Eustache en a trois.

Voici maintenant la légende mystique :

L'auteur anonyme de la vie de Saint-Eustase, abbé de Luxeu, prétendit dans son ouvrage, publié en 1569, qu'il existait depuis plusieurs siècles une chapelle sous son invocation, à l'orient de celle de Sainte-Agnès, et que le peuple l'appelait Saint-Eustache et anciennement Saint-Witasse ou Saint-Vitasse et Saint-Huitace. Comme cette assertion ne repose que sur l'opinion d'un auteur, dont la personnalité est restée inconnue jusqu'à ce jour et qui vivait du reste au XVIe siècle, bien longtemps après la mort du bienheureux abbé de Luxeu, dont il nous raconte l'histoire, on conçoit que le scrupuleux Jaillot et l'abbé Lebeuf lui-même n'aient ajouté aucune foi à sa parole et nous imiterons leur réserve.

Faut-il avouer avec nos deux auteurs que l'on ne connaît pas l'origine de cette église ni le nom de son fondateur ? Ce serait peut-être le parti le plus sage.

Il y a cependant une troisième légende, la légende populaire, citée par un grand nombre d'auteurs et qui est assez curieuse pour être rapportée ici.

Elle attribue la fondation de la chapelle Sainte-Agnès à un certain Jean Alais, chef et maître des joueurs de moralités et farces à Paris.

Il l'avait fondée, dit Pierre Bonfons (1), « en satisfaction d'avoir esté premier « aucteur et fermier de l'impost d'un denier pour chaque panier de poisson qui se « vendoit aux Halles, pour estre remboursé de certaine somme qu'il avoit fournie « promptement au Roy. »

Hélas ! sa satisfaction aurait été, paraît-il, de courte durée, car après avoir réclamé l'abolition de cet impôt, probablement après fortune faite, il vit un autre obtenir la ferme, « laquelle de temps en temps s'est enchérie suivant les occur- « rences... Alors ledit Alais s'en atrista et affligea de telle sorte, qu'il en mourut « de regret et de contrition, et ordonna estre enterré près de la susdite chapelle dite « de Sainte-Agnès qu'il avoit fondée, au lieu où les ruisseaux des Halles viennent « couler jusqu'à présent. Ce que plusieurs toutefois reputent fable et dient qu'une « longue pierre que l'on veoit encores au dit lieu et que beaucoup d'autres dient « sa tombe, n'y a esté mise pour autre sujet que pour y servir de pont, en temps « de pluye, comme le nom de Pont-Alais, qu'on lui donne, ne semble pas con- « trarier. »

Pont ou pierre sépulcrale, l'obstacle n'était pas moins gênant pour la circula-

(1) Les *Fastes, antiquitez et choses plus remarquables de Paris*, par P. Bonfons, 1605, page 279.

tion dans cet endroit très serré, qui était déjà au XVIIIe siècle un des plus fréquentés de Paris et on l'enleva en 1719, au dire de Piganiol, qui traite de fable cette histoire et ajoute, ce que l'on croira sans peine, qu'il est étonnant qu'on ne l'ait pas ôtée plus tôt, car la pierre était très incommode pour les voitures.

C'est égal, c'est dommage que ce soit là une pure légende ; quel exemple, pour ses successeurs, que ce traitant repentant et naïf, qui meurt de chagrin et se punit, après sa mort, d'avoir inventé un impôt et de voir cet impôt se perpétuer et grossir avec le temps. Est-ce assez moyennageux, comme on dirait maintenant ?

Antoine Duverdier, seigneur de Vauprivas, bibliographe et littérateur français, plus célèbre par sa bibliothèque que par les mauvais vers qu'il a laissés, est le premier qui ait parlé de ce singulier testament, où il a confondu le fondateur présumé de la chapelle Sainte-Agnès, Jean Alais, avec Jean de l'Espine dit Pont-Alais, le directeur des spectacles badins sous François Ier, dont Bonaventure Despériers rapporte l'aventure suivante, dans un de ses contes : « Notre comédien battait du tambour devant l'église, pendant que le curé prêchait, ce dernier sort furieux et interpelle Pontalais : Qui te rend si osé de jouer du tambourin, pendant que je prêche ? Et toi, qui te rend si osé de prêcher, pendant que je joue du tambourin ? répond le comédien. Sur ce, le curé crève le tambour et Pontalais le coiffe de son instrument, au moment où il rentre dans l'église, au grand ébahissement de ses paroissiens, qui ne peuvent s'empêcher d'en rire. »

Le curé aurait été Jean Lecoq, nommé en 1537, si toutefois l'aventure est exacte, ce qui n'est pas du tout prouvé.

L'obscurité qui entoure la naissance de la chapelle originaire, dédiée à sainte Agnès, s'étend également à la fixation de l'époque, où elle abandonna le patronage de la Lucrèce chrétienne, pour se mettre sous celui du guerrier qui fut, paraît-il, comme Nemrod, un grand chasseur devant l'Eternel et qui changea son nom païen de Placide, pour le prénom chrétien d'Eustache.

De la légende de ce dernier nous ne retiendrons que l'histoire de sa conversion, dont le cachet de l'église et certaines sculptures de l'édifice rappellent le souvenir.

Étant un jour à la chasse et s'étant laissé entraîner à la poursuite d'un cerf, il aperçut tout à coup sur la ramure élevée de celui-ci une croix resplendissante et une voix mystérieuse se fit entendre, qui l'invitait à se faire baptiser.

Les légendaires, ajoute l'auteur ecclésiastique (1) auquel nous empruntons ce

(1) Notice sur Saint-Eustache, par l'abbé Gaudreau, page 235, Paris 1855.

fait vraiment extraordinaire, disent que c'était la voix du crucifix lumineux, que le jeune chasseur voyait entre les bois du cerf.

Nous nous garderons bien de douter de l'authenticité de ce prodige, pour ne pas être exposé à nous voir traiter d'écrivain brouillon et léger par le continuateur de l'abbé Gaudreau (1), comme ledit abbé traitait ce pauvre docteur Jean de Launoy, le *dénicheur de saints*, qui selon l'expression de D. Bonaventure d'Argone a plus détrôné de saints du Paradis, que le pape n'en eut canonisés. Aussi, disait le curé de Saint-Eustache, au rapport de Jaillot, quand je rencontre le docteur de Launoy, je le salue jusqu'à terre et ne lui parle que le chapeau à la main et avec bien de l'humilité, tant j'ai peur qu'il ne m'ôte saint Eustache qui n'a pas son trône bien solide (2).

Quoi qu'il en soit, comme nous l'avons dit plus haut, dès 1223, l'église, qui avait pris le nom de Saint-Eustache, était érigée en paroisse et dès cette même année Guillaume Point l'Asne, bourgeois de Paris, avait pris la résolution d'y créer deux chapellenies, qu'il dota de 300 livres de rente. Guillaume Buinel se rendit sa caution et ces deux chapellenies existaient en 1228 (3).

Une seconde fondation fut faite, en 1331, par le roi Philippe de Valois, qui s'en retint la nomination.

Les autres chapellenies les plus remarquables sont, d'après Lebeuf :

1° Celle qui est titrée de Saint-Jacques et de Sainte-Anne. Elle fut fondée en 1342 par les exécuteurs du testament de Marie Lapointe, dite la Pastoyère, la Pastillière ou la Paticière, qui achetèrent, pour la doter, une rente « sur la boëte royale de la Marée » ;

2° La chapellenie de Saint-Jean-Baptiste, fondée en 1382, par Jean de Fontenay, bourgeois, de 20 livres de rente sur plusieurs maisons de la censive épiscopale ;

3° Celle de Saint-Léonard, en 1336 ;

4° Celle de Louis d'Orléans, frère de Charles VI ;

Puis une autre appartenant pendant 200 ans aux Nicolaï, sires de Goussainville, etc.

Ces chapellenies étaient des espèces de bénéfices, auxquels étaient attachés certains revenus provenant d'un capital ou d'un immeuble cédé par le fondateur, à la charge par celui qui en jouissait de dire des messes ou autres prières dans une chapelle érigée ou désignée à cet effet, parmi celles qui existaient dans l'église.

---

(1) Guide de l'église Saint-Eustache, par l'abbé Torré, 1889.

(2) Il ne faut pas confondre le docteur J. de Launoy (1603-1678), docteur en Sorbonne, auteur de nombreux ouvrages, où il attaque avec succès les légendes catholiques, avec Mathieu Launoy, prédicateur de la Ligue, qui se fit protestant et mourut chanoine et que la satyre Menippée appelle « le petit Launoy, ci-devant ministre, puis apostat et à présent *boute-cul* de Sorbonne ».

(3) Voir Jaillot et l'abbé Le Beuf.

Comme les immeubles légués avaient parfois une certaine étendue, ils acquirent dans la suite des temps de l'importance, à raison de l'accroissement du quartier, où ils se trouvaient situés.

Ainsi nous voyons que les chapelains de Saint-Eustache avaient, au XIIIe siècle, droit de basse justice et des amendes, jusqu'à soixante sous, en trois rues, au-delà de la porte du comte d'Arras, hors des murs de la ville et dans le quartier Saint-Eustache. Ils tenaient cela en foi et hommage de l'évêque. En conséquence, ils préposaient des officiers pour rendre la justice dans les lieux soumis à leur juridiction.

Ces droits, qui furent confirmés à différentes époques par des arrêts du Parlement, avaient fait de ces chapellenies de très bons bénéfices. Aussi les trouve-t-on qualifiés dans les anciennes chartes de *optimæ capelleniæ* (1).

On conçoit que les chapelains étaient fort jaloux de leurs privilèges et ils les défendirent, en toute occurrence, même contre les commissaires du roi François Ier.

La célébrité de la chapelle de Guillaume Point l'Asne y avait fait établir la confrérie de Saint-André, composée en grande partie par la célèbre corporation des bouchers.

Cette confrérie « étoit, dit l'auteur du *Journal de Paris* sous Charles VI, au Moustiers-Saint-Huitasse en 1418, au mois de juing. Les prêtres et autres avoient un chapeau de roses à la teste ».

On fabriqua soixante douzaines de ces chapeaux dans une heure et l'église en fut embaumée, puis les confrères, la tête ornée de fleurs, coururent égorger les Armagnacs ou les Arminaz, comme on les appelait à cette époque. Cela se passait sous la domination anglaise, Jean Petit, treizième curé de Saint-Eustache, administrait alors cette église.

La corporation des bouchers n'était pas la seule qui avait obtenu d'y établir une confrérie. En 1410, celle des jurés porteurs de blé y avait été érigée en l'honneur de la glorieuse vierge Marie et de Mgr Saint-Loys.

Les lettres-patentes qui l'autorisent portent « que les confrères pourront s'assembler une fois l'an à certain hostel où bon leur semblera le dimanche, après la feste dudit Mgr Saint-Loys, pour appointer et ordonner ce qu'ils pourront pour le salut de leurs âmes, pourvu que toutes voyes (2), en faisant ladicte assemblée, soit appelé un de nos officiers, et que, en ladicte confrerie, aucun monopole, ou préjudice, ou dommage de nous, de notre royaume ou de nos successeurs roys de France, n'arrivent ».

On voit que pour les réunions civiles le roi imposait la présence d'un représen-

(1) Lebeuf, *Histoire du diocèse de Paris*, tome I, page 98.

(2) Lisez toutefois.

tant du gouvernement, le commissaire de police de l'époque ; les réunions religieuses avaient lieu dans l'église en toute liberté.

A ce même autel Saint-Jean, adossé au premier pilier du chœur à gauche, du côté du passage Montmartre et qui disparut en 1840, se réunissait en 1418 la confrérie des Esguillettiers ou passeurs d'esguillettes.

Citons encore la confrérie des marchands fripiers à l'autel Saint-Roch en 1496, puis, à la chapelle de Colbert, celle du Saint-Sacrement, en majeure partie composée de passeurs de peaux, en 1421, et celle des lingères à l'autel Sainte-Venice, une sainte que le martyrologe a oubliée. On suppose qu'il s'agit peut-être de sainte Véronique ou d'un saint Venant ou Venance ; c'est pourtant sous le nom de Sainte-Venice que la chapelle a été consacrée.

D'après le document qui se trouve aux Archives nationales (1), cette dernière confrérie serait la plus ancienne. On y lit en effet que les marchandes, maîtresses lingères de Paris, se réunissaient à la chapelle dans la croisée du côté de la rue des Prouvelles. La confrérie jouissait de lettres-patentes de Charles VI, en date de février 1381. Elles portaient :

« Nous inclinanz à la supplication présentée par plusieurs habitants de notre ville de Paris... et afin que nous soyons participanz des biens qui en y celle confrérie seront faitz... donnons licence et autorisation faire, crier et ordonner ladite confrérie, de eulx assembler pour y celle au jour de sainte Venice, chacun an, de constituer pour ce procureurs et avoir cloches pour eulx crier par la ville, et de faire toutes les autres choses licites et honnêtes appartenantes à confrairie. »

Le curé Jean Petit, dont nous avons parlé plus haut, avait succédé à son frère en 1414 et, comme tous ses prédécesseurs, il avait dû prononcer un serment, dont le texte nous a été conservé, en faveur du chapitre Saint-Germain-l'Auxerrois, sous la dépendance duquel il se trouvait, lui assurant, disait-il, « la moitié de tout ce qui m'appartiendra, de tout ce qui sera perçu par moi et mes chapelains des revenus de ladite église paroissiale de Saint-Eustache, n'en exceptant que ce qui est spécifié dans l'acte de conciliation fait en 1353 par Sa Grandeur R..., évêque de Paris, de concert avec le doyen de cette époque pour lui et ses successeurs, etc. »

On trouve dans les *Preuves de l'histoire de Paris*, par Felibien et Lobineau, un règlement de Regnault, évêque de Paris, en 1254, qui fixe les bases de la répartition entre le curé de Saint-Eustache et le chapitre Saint-Germain-l'Auxerrois (2).

(1) Arch. nat. L. 923.

(2) Felibien, tome III, p. 97.

La question d'argent et les démêlés qu'elle occasionna entre les deux églises tiennent une place considérable dans l'histoire de Saint-Eustache. Aussi devons-nous en dire quelques mots.

Les chanoines de Saint-Germain-l'Auxerrois prenaient le titre de *pasteurs primitifs* de ladite église Saint-Eustache, et c'est en cette qualité qu'ils réclamaient leur part des bénéfices, qui ne cessaient de s'accroître, avec l'importance de la paroisse nouvelle, laquelle n'avait que des *vicaires perpétuels*. Nous avons déjà vu l'évêque obligé d'intervenir dès l'origine, et plus tard un serment être exigé du curé de Saint-Eustache ; ce serment était, du reste, consigné par devant notaire, mais cela ne suffisait pas, car le chapitre Saint-Germain-l'Auxerrois n'avait pas une confiance illimitée dans ses confrères. Il avait même accusé, à tort ou à raison, le prédécesseur de Jean Petit d'avoir présenté un acte faux au chapitre, et ce curé fut emprisonné par arrêt du Parlement ; il est vrai que plus tard il fut relâché. En 1479, les chanoines avaient un homme à eux, chargé de surveiller la réception et le partage des offrandes. Cela ne se fit pas sans scandale. On trouve, en effet, dans le mémoire du procès qui eut lieu, en 1480, entre le chapitre et le curé de Saint-Eustache, Ambroise de Cambray, le passage suivant :

« Item, dimanche, qui fut le huitième jour de ce présent mois, ledit Fraulon (prêtre de Saint-Eustache), à la messe d'une espousée et autres messes, pour ce que ledit Baudet (de Saint-Germain-l'Auxerrois) recepvoit les offrandes, se venoit mettre au-devant et disoit ces paroles ou semblables à chacune personne qui venoit à l'offrande : Mes amis, mettez-cy en ce plat, car c'est pour votre curé, qui a la charge de vos âmes et ne baillés rien à ce garçon (ledit Baudet), car c'est pour ceux de Saint-Germain. »

Ledit Baudet se plaint également d'avoir été traité de « larron et sacrilège, et qui se fera pendre ou sera pendu ».

Plus tard, les exigences n'avaient pas diminué, et dans un arrêt du 16 janvier 1504 contre Antoine de Paris, 25e curé de Saint-Eustache, il est dit, entre autres choses, que ce curé ou son vicaire ne doit pas, en célébrant la messe, abréger le temps de l'offertoire et retirer la patène avec une trop grande précipitation ; que s'il essaie cela, le doyen et son chapitre ont le droit de faire tenir la patène par leur délégué.

Ces contestations continuelles avaient donné lieu à ce proverbe : « Que personne ne peut être curé de Saint-Eustache s'il n'est fou ».

Elles ne prirent fin qu'en 1537, où Jean Lecoq, 27e curé, traita avec le chapitre Saint-Germain, pour l'affranchissement complet de la cure de Saint-Eustache, moyennant une somme annuelle de 300 livres.

La nomination à cette cure fut jusqu'à ce moment au choix alternatif du chapitre Saint-Germain et de l'évêque de Paris, mais parfois les titulaires résignaient leur cure devant la cour de Rome, en faveur d'un successeur, désigné par eux et ils choisissaient de préférence un membre de leur famille. Ainsi nous avons vu Jean-Robert Petit succéder à son frère Jacques, de même René Benoist devint curé de Saint-Eustache, en 1568, par suite de la résignation faite par son oncle Jean Lecoq.

Cette tradition fut cause d'une aventure singulière, arrivée pendant la régence de la reine Anne d'Autriche, et qui mérite d'être rapportée ici.

Le curé Tonnellier venait de mourir; l'archevêque de Paris lui nomma un successeur appelé Poncet: celui-ci vint pour prendre possession de sa cure, mais le neveu du curé défunt, le sieur Marlin, simple prêtre, crut pouvoir s'opposer à son installation, donnant pour raison que la cure lui appartenait, en vertu de l'acte signé par son oncle. Cet argument n'était pas des meilleurs; cependant, fortifié par la bienveillance des dames de la Halle, comptant sur l'appui des paroissiens les plus influents, le neveu persista. Toute la population du quartier s'assemble en tumulte pour le protéger, met en fuite le guet et installe le curé de ses affections.

Ce désordre dura trois jours. On faillit même piller la maison du chancelier, parce que, demeurant sur la paroisse, il n'avait pas pris le parti de Marlin. Enfin les dames de la Halle envoyèrent une députation à la reine et lui firent observer « que les Marlin avoient été *curés de père en fils*, et que le dernier avoit désiré que son neveu lui succédât, qu'elles n'en pouvoient souffrir d'autres. »

La reine fit une réponse évasive, qui, loin de calmer l'émeute, ne fit que la raviver, les bourgeois commençaient à se barricader dans les Halles. Pour les apaiser, il fallut leur accorder le curé qu'ils demandaient, des ordres furent donnés, Marlin succéda à son oncle et le calme se rétablit (1).

Par un singulier retour des choses d'ici-bas, ce fut ce prêtre élu par la rebellion qui fit faire, à Saint-Eustache, la première communion à Louis XIV, vers 1649.

Le curé Marlin était le 30e curé, on en compte 44 depuis Simon qui est indiqué, comme le premier en titre, en 1227, jusqu'au titulaire actuel M. Quignard.

Leur nom et la date de leur nomination ont été gravés, des deux côtés du banc-d'œuvre. Guillaume, le deuxième curé, assista aux scènes sanglantes qui eurent lieu dans son église pendant la captivité de Saint-Louis.

Le moine Jacob, chef des pastoureaux, envahit l'église Saint-Eustache, tua une partie des prêtres et chassa les autres.

(1) De Roquefort, Dict. hist., Paris 1826.

Il confessait, rebaptisait et dépèçait les mariages, rapporte une chronique du temps qui nous a conservé une de ses prédications :

« Votre riche clergé, disait-il, est semblable à une bête galeuse. Vos prêtres, ces papelards qui ne sont occupés qu'à boire du vin de Pierrefitte, communiquent à toute la France la contagion de leurs exemples pernicieux. Ils corrompent les habitants, les dévorent et les entraînent dans l'abîme, Tues-les ! Quant aux nobles : avez-vous une maison ? ils la prennent. Avez-vous une fille ? Malheur, si elle est belle ! un noble la souillera. Ce champ cultivé par vous, que vos sueurs vont féconder, qui viendra recueillir ses produits ? Un noble, toujours un noble. Et pourtant combien faut-il au bûcheron de coups de coignée pour abattre les chênes les plus forts ? Dix au plus ! Enfants ! Il n'en faut qu'un pour trancher la tête d'un seigneur » (1).

On sait que la régente Blanche de Castille, qui avait d'abord toléré le rassemblement de ces nouveaux croisés, dans l'espoir qu'ils délivreraient son fils, voyant que les pastoureaux se contentaient de faire la guerre aux nobles, profita du moment où ils étaient divisés pour s'emparer des chefs et les faire exécuter ; les bergers et les paysans se dispersèrent alors ou passèrent à l'étranger. Ainsi finit ce formidable soulèvement, qui menaçait de tout bouleverser.

Jacques Bonhomme était encore une fois vaincu et il devait attendre plusieurs siècles avant de prendre sa revanche.

Véritable bétail humain attaché à la glèbe, le peuple des campagnes pillé par les hommes de guerre, pressuré par les seigneurs qui se le transmettaient comme une propriété, subissant parfois les tortures de la faim, par suite des déplorables idées économiques qui régnaient autrefois, il ne devait être affranchi que par la grande révolution qui proclama les droits de l'homme et du citoyen.

Pendant que le paysan souffrait ou se révoltait, l'église, dont nous nous occupons, était mêlée à toutes les agitations de la population parisienne.

Au moment de la Ligue elle retentit des prédications furibondes de René Benoist, ancien confesseur de Marie Stuart, qu'il avait suivie en Écosse.

Revenu en France et nommé à la cure de Saint-Eustache il prononça, en 1588, l'oraison funèbre du duc de Guise, assassiné aux États de Blois, mais bientôt il entra dans le parti des *politiques* et se prononça en faveur du Roi, ce qui le fit appeler par Henri IV, quand ce dernier eut résolu de changer de religion. Benoist se rendit à Saint-Denis le 12 juillet 1593 et le 25 il assistait à l'abjuration du roi, qui reconnut ses services en le nommant à l'évêché de Troyes en 1604. Mais le pape,

(1) Notice sur Saint-Eustache, par l'abbé Gaudreau, page 57.

qui le soupçonnait d'hérésie, à cause d'une traduction de la Bible faite en 1566, censurée par la Sorbonne et supprimée par arrêt du Parlement, ne voulut jamais ratifier cette nomination. Il resta donc curé comme devant.

A l'époque de la Révolution le corps de Mirabeau fut déposé dans l'église, le 3 avril 1791 et l'éloge du grand orateur, prononcé par Cérutti. Le soir, on transféra le cercueil au Panthéon.

Au mois de mai suivant les garçons perruquiers y firent dire un service pour ce tribun. Dans le charnier de Saint-Eustache se tenait un club de femmes, sous la présidence d'une actrice nommée Lacombe, qui fut blessée au poignet en combattant le 10 août. Elle présidait en bonnet rouge cette singulière société, qui fut dissoute, après un discours de Robespierre dans lequel nous remarquons cette phrase :

« Cette réunion de vraies sans-culottes ne saurait durer plus longtemps, parce qu'elle prête au ridicule et aux propos malins. »

En 1793, la fête de la Raison y était célébrée ; l'intérieur du chœur représentait un paysage où l'on voyait çà et là quelques chaumières et des rochers entre lesquels on avait pratiqué de petits sentiers conduisant à des grottes mystérieuses. Autour du chœur étaient dressées des tables surchargées de bouteilles, de saucissons, de pâtés et de fruits et les convives affluaient par toutes les portes.

Le 24 juin 1795, le culte catholique y fut rétabli et le curé Poupart, qui avait d'abord fait, puis rétracté le serment constitutionnel, y rentrait comme *chef du culte catholique*, mais il fut obligé de partager le local soit avec les théophilanthropes, qui en firent le temple de l'Agriculture (1), soit avec les assemblées primaires qui, à certains jours, y tenaient leurs séances.

Lorsque les théophilanthropes exerçaient leur culte dans Saint-Eustache, une barrière de planches séparait la nef, où ils exécutaient leurs chants, de la chapelle de la Vierge, où le curé officiait. Ils faisaient du reste assez bon ménage. Cette situation dura jusqu'en 1801, année dans laquelle on interdit les églises à la nouvelle religion. Elle avait du reste peu recruté d'adhérents et, après une protestation platonique, il n'en a plus été question.

Les assemblées profanes dans les églises, que l'on a quelque peu vulgarisées dans ces derniers temps sous le nom de réunions contradictoires, ne sont pas une invention de notre époque.

Sous les Mérovingiens, les temples chrétiens servaient d'hôtel de ville et de théâtre.

(1) Autorisation du Directoire du 6 novembre 1797.

« Les ventes, les donations et tous les actes publics et privés des citoyens étaient passés et mis en écrit dans les églises... On en faisait aussi, surtout dans les campagnes, la grange et le grenier du village. Theodulf, évêque d'Orléans, défend d'y serrer les foins et les blés. La même défense fut répétée bien longtemps après par le 4e concile de Milan.

« Non seulement le peuple était appelé à l'église par son culte et par ses affaires, mais il y était également attiré par ses plaisirs; il faisait des banquets dans les temples et pour cela dressait des tables et des lits. Cet usage était si bien établi que des conciles, ne pouvant l'interdire, s'efforçaient de le restreindre. Les prêtres même tenaient cabaret dans les lieux saints. Enfin ces lieux étaient convertis en salles de danse et retentissaient de chants profanes. Vers la fin du VIe siècle, Aunacaire, évêque d'Auxerre, fut obligé de tenir un synode pour les interdire aux danses, aux festins et aux chants des jeunes filles (1). »

N'ést-ce pas le cas de répéter le proverbe : Il n'y a rien de nouveau sous le soleil.

Nous ne pousserons pas plus loin l'histoire des événements qui se sont passés dans l'église Saint-Eustache, que sa situation, au cœur même de Paris, exposait plus que toute autre à subir le contre-coup des agitations de la grande cité.

Ce que nous en avons dit justifie amplement le titre de monument historique qui lui a été reconnu de tout temps; mais c'est aussi un monument artistique très remarquable et on nous pardonnera d'entrer dans quelques détails au sujet de sa construction et de ses dispositions architecturales.

De la chapelle Sainte-Agnès et de la première église Saint-Eustache, on connaît peu de choses, sinon qu'elles ont été fondées vers 1200 et agrandies successivement en 1228 par l'adjonction des deux chapelles de Guillaume-Point-l'Asne (Pungens asinum) et probablement en 1331, quand le roi Philippe de Valois y fonda une autre chapelle, ainsi qu'aux époques de création des chapellenies dont nous avons parlé plus haut; il est dit en effet, dans un acte rapporté par Sauval (2), que Louis d'Orléans, frère de Charles VI, a bâti une chapelle à Saint-Eustache et y a fondé des messes par son testament en date du 19 septembre 1403.

Cependant la fondation de chapellenies n'indiquait pas toujours une construction nouvelle. Ainsi, quand Marie la Patissière ordonna la fondation d'une chapelle à Saint-Eustache où l'on dirait trois messes par semaine, Jean Hallegrin, son exécuteur testamentaire, destina pour cette fondation une rente de 12 livres sur la Boîte

---

(1) Guérard, *Cartulaires de Notre-Dame*, tome I, page 22 et suivantes. Voir également les notes qui indiquent les preuves de ce qu'il avance, relations des conciles, etc.

(2) Sauval, *Antiquités de Paris*, tome III, page 441.

ou coutume du poisson, qu'il fit amortir par le roi, par lettres données à Hesdin, au mois de septembre 1335. En conséquence on demanda, le 15 septembre 1342, que cette fondation fût exécutée à l'autel de Saint-Jacques et Sainte-Anne, qui existait par conséquent avant cette époque (1).

En 1466 on agrandit encore l'église en employant une partie de la maison appartenant à la fabrique et située rue du Jour, près de l'hôtel de Royaumont.

Enfin on voit, dans un compte de l'évêché de 1495, cité par l'abbé Lebeuf (2), que les marguilliers s'obligèrent alors de payer à l'évêque quatre sols de cens annuel « pour une place à eux nouvellement donnée, joignant le clocher de l'église, devers la rue Montmartre, faisant l'encoignure du Pont-Alays, pour accroître leur église ».

Malgré toutes les augmentations dont elle avait été l'objet à différentes reprises, cette dernière était devenue trop étroite pour contenir les fidèles et l'on résolut de la reconstruire entièrement.

On prit à cet effet un terrain considérable du côté de la rue du Jour.

« En l'an 1532, dit Pierre Bonfons (3), la fauce porte dite de Saint-Honoré fut abatue, et le seizième du mois d'aoust furent esléuz, pour prévost des marchands, maistre Pierre Viole, conseiller au Parlement, et pour eschevins, maistre Claude Daniel, conseiller, et sire Jean Barthelemi, quartenier.

« Le dix-neufiesme dudit mois audit an, messire Jean de la Barre, prevost de Paris, asseit la première pierre du nouveau bastiment dont on a acreust l'ancienne église dite de Saint-Eustache. »

La grandeur de cet édifice et les dépenses considérables occasionnées par la construction ne permirent pas de le terminer aussi promptement qu'on le désirait.

En 1537, à la demande d'André Guillart, maître des requêtes, seigneur du Mortier, et des marguilliers, l'évêque de Paris permit d'employer au salaire des ouvriers de la nouvelle église les aumônes que faisaient les paroissiens pour obtenir la permission d'user pendant le carême de beurre et de lait, ce qui fut continué en 1552, à la prière de Jean le Coq, curé (4).

Les libéralités du chancelier Séguier et de M. de Bullion, surintendant des finances, suppléèrent aux ressources limitées de la fabrique et l'église fut achevée

---

(1) Jaillot, *Recherches sur Paris*, tome II, page 30.

(2) Lebeuf, *Histoire de Paris*, tome I, page 94.

(3) Bonfons, *Les fastes et antiquités de Paris*, page 279.

(4) Lebeuf, loc. cit., tome I, page 100.

en 1642, mais la consécration solennelle en avait été faite par M. de Gondi, premier archevêque de Paris, dès le mois d'avril 1637.

Les plans sont du célèbre architecte italien Dominique de Cortone, dit le Bocador, que François Ier avait fait venir à Paris et qui devait, deux ans après, construire l'Hôtel de Ville.

On ne conserva de l'ancienne église, qui n'était pas de moitié si longue ni si large, que la crypte, que Lebeuf qualifie cependant de moderne (1), plus une partie du pilastre de la tour qui supportait une pyramide de pierre semblable à celle de la tour de Saint-Germain-l'Auxerrois. Ce reste se voit encore près de la porte par laquelle on entre dans l'église en venant de la Halle et il sert à supporter l'horloge; l'escalier est dit-on encore de cet ancien temps. On aperçoit aussi quelques restes du vieux bâtiment dans l'ancienne sacristie où se trouve actuellement la chapelle des catéchismes (2).

On peut suivre la marche des travaux, grâce aux dates que l'on trouve gravées sur certaines parties de l'édifice et aux chroniqueurs du XVIIe et du XVIIIe siècles, qui ont assisté à l'édification de l'Église, comme Dubreuil et son continuateur, Malingre, Sauval, etc., ou qui ont fouillé les documents de l'époque, comme l'abbé Lebeuf ou Jaillot.

Il n'y avait que quatre ans que la nouvelle église était commencée lorsque l'évêque de Paris permit à Gui, évêque de Mégare, d'y bénir les autels de la Trinité, de Saint-Fiacre, de Sainte-Venice et de Saint-Nicolas, ce que l'on trouve dans les registres de l'évêque de Paris, à la date du 23 mars 1536 (Lebeuf).

Les quatre grandes colonnes centrales de la nef sont de 1537, le gros pilier de gauche porte cette date, ainsi que celle de 1849, année où l'on fit de grosses réparations. De 1539 à 1540, on construisit le côté droit et le portail du Sud, en face de l'allée des Prouvaires.

Le portail du Nord porte cette désignation, 1545, époque de sa construction.

En 1549, l'évêque de Mégare, dont nous avons parlé plus haut, bénit encore cinq autres autels, construits dans les accrues de l'église.

Une indication, gravée dans les trois piliers de la nef de droite, en entrant, nous apprend qu'ils furent terminés en 1578.

Deux ans après, les hautes fenêtres étaient achevées, les trois premières portent le millésime de 1580, au-dessus des chapelles qu'elles dominent.

(1) Lebeuf, loc. cit., tome I, page 100.

(2) Lebeuf, loc. cit., tome I, page 96.

Vers 1589, les travaux sont en pleine activité, il s'agissait alors de mettre à bas l'ancienne chapelle Saint-Michel, pour lier la maçonnerie nouvelle avec l'ancienne.

Dubreuil nous fait savoir qu'en 1612 on fut obligé, faute de fonds, de suspendre les travaux ; mais ils furent repris quelques années après, et la date de 1621, placée sur les grandes croisées des quatre chapelles de droite, comme celle de 1622, sur la croisée située au-dessus de la cinquième chapelle, du même côté, et sur les cinq premières de gauche, indique leur achèvement.

En 1624 a lieu l'élévation du chœur ; le clocher est abattu, sauf la montée conduisant à l'horloge.

On termine, en 1626, les chapelles de la Madeleine et de Saint-Pierre l'exorciste (10e et 11e de gauche), elles portent cette date, de même la chapelle du catéchisme (12e à droite) et celle de Saint-André (10e à droite) sont marquées des millésimes de 1627 et de 1629.

En 1632, la nef est achevée.

L'année suivante, au dire de Sauval, on achève le chœur, qu'on avait commencé de bâtir en 1624. Il est aussi haut que la croisée et aussi large que la nef. Quatre rangs de stalles le garnissaient et pouvaient recevoir plus de cent vingt prêtres. Aux fêtes du Saint-Sacrement, on y voyait un petit dais donné par Anne d'Autriche et enrichi de perles et de pierreries d'un grand prix. Ce fut également en 1633 que l'on posa des vitraux et que le portail, construit dans un style se rapprochant de celui de Saint-Étienne-du-Mont, fut orné de deux statues de pierre, saint Eustache et sainte Agnès, et surmonté de deux tours, celle de droite renfermant six cloches et celle de gauche n'ayant jamais été achevée.

L'église fut consacrée par M. de Gondi, le premier archevêque de Paris, le 26 avril 1637, quoiqu'elle ne fût pas encore entièrement bâtie ; en effet, ce n'est qu'en 1640 que le portail, la croisée et la rose du côté Nord furent achevés, la date que l'on y trouve en fait foi.

Du reste, le monument ne fut terminé qu'en 1642, grâce aux libéralités du chancelier Séguier et de Claude de Bullion, surintendant des finances, ainsi que nous l'avons relaté plus haut.

On trouvait alors qu'il réunissait, dans son ensemble, grandeur du vaisseau, belle disposition, richesse des matières, chefs-d'œuvre de peinture, de sculpture, d'ornements délicats, et Malingre (1), en 1640, disait :

« Le grand portail, environné d'un grand circuit fermé de balustres, est des plus

(1) Malingre, *Antiquités de Paris*, p. 524.

beaux de Paris pour sa largeur et excellence de ses ouvrages, taillez fort mignonnement et délicatement sur la pierre. »

On en voit la reproduction dans l'ouvrage de Saint-Victor.

Il « étoit formé par dix piliers butans d'environ trente pieds de saillie au-delà du pignon, dont deux aux encoignures de sept pieds d'épaisseur : deux autres de treize pieds, servoient à soutenir la poussée des arcades intérieures qui exigeoit une grande solidité. Ces quatre piliers formoient trois travées. Dans celle du milieu étoit la porte d'entrée : les deux autres avoient été construites pour porter deux tours et, dans leur intérieur, M. Colbert avoit fait construire les deux chapelles dont on a parlé ci-dessus, l'une pour les fonts, l'autre pour les mariages. Mais l'entrepreneur de ces chapelles ne sut pas prévoir que les renfoncemens pratiqués dans ces piliers buttans pour leur aggrandissement affaibliroient un jour nécessairement la solidité de cet édifice (1). »

On s'aperçut de ces altérations dès le commencement du XVIIIe siècle, et elles augmentèrent au point qu'en 1753, à la suite d'un orage, on fut forcé d'apporter un prompt secours à la ruine entière dont elles menaçaient.

Cette réparation exigeait la réédification de la plus grande partie de cette façade, et l'on eut la malencontreuse idée d'exécuter ce travail sur des plans nouveaux, que l'on confia à Mansart de Jouy. Cet architecte, qui avait plus de désintéressement que de talent, puisqu'il refusa toute rémunération, ne put achever son œuvre. Du reste, la somme de 20,000 livres, selon les uns, ou de 40,000 livres selon les autres, laissée par Colbert à la fabrique, dans son testament, n'était pas suffisante, à beaucoup près, pour mener les travaux à bonne fin, même avec les intérêts accumulés depuis la mort du grand ministre, arrivée en 1683, jusqu'en 1754, où ils n'étaient montés qu'à 50,000 écus. Néanmoins Secousse, curé de la paroisse, crut pouvoir commencer les travaux, comptant sur la générosité de ses paroissiens; comme elle ne répondit pas à son désir et que, d'autre part, il ne voulut pas recourir à une loterie, ainsi qu'on lui en suggérait l'idée, les travaux furent suspendus et l'œuvre resta inachevée. Elle fut reprise et conduite au point où on la voit actuellement par Moreau, architecte du roi et de la ville de Paris, en 1772, c'est à ce dernier que l'on doit le lourd fronton qui écrase cette façade.

Le 22 mai 1754 fut posée la première pierre de ce nouveau portail par le duc de Chartres, connu depuis sous le nom de Philippe-Égalité, remplaçant son père le duc d'Orléans, et une médaille commémorative fut alors frappée.

« Cette composition, qu'on peut regarder comme une imitation malheureuse du

---

(1) Piganiol de la Force, *Description de Paris* (quartier Saint-Eustache), tome III, page 207.

portail de Servandoni, à Saint-Sulpice, n'a pour tout mérite que d'être exécutée sur une assez grande échelle ; la largeur beaucoup trop considérable de ses entrecolonnements, surtout au second ordre, entraînera sa destruction et déjà le poids énorme de sa plate-bande qui supporte le fronton, l'a fait se rompre, et semble écraser les maigres colonnes qui la soutiennent. Le genre de cette architecture massive, qui n'est ni antique ni moderne, n'a aucune espèce de rapport avec le reste de l'édifice ; on peut en dire autant du bâtiment de la sacristie, pratiqué au rond-point de l'église sur le carrefour dit la pointe Saint-Eustache, bâtiment parasite, si l'on peut s'exprimer ainsi (1). »

Cette opinion, d'un homme aussi compétent que l'architecte Legrand, sera partagée par tous les gens de goût.

A la construction du nouveau portail était lié le plan d'une place symétrique qui l'aurait entouré et le roi avait accordé 100,000 écus, pour les premiers frais de l'opération, mais cette somme fut détournée de sa déstination et servit à bâtir une maison, rue Trainée, pour le logement du curé et des prêtres attachés au service de la paroisse (2).

Certes, au lieu de céder au mauvais goût du jour il eût été préférable de rétablir purement et simplement l'ancien portail, ou de lui substituer l'élégante construction qu'Androuet du Cerceau avait dessinée, en 1550, et dont le *Bulletin de l'ami des monuments* (3) a publié la reproduction, d'après une estampe tirée du cabinet de M. Destailleur et publiée par le baron de Geymüller, dans son étude sur les du Cerceau.

En opérant, comme nous venons de le dire, on eût évité de graves inconvénients, car le portail de cet homonyme du grand Mansart n'avait pas eu seulement pour effet d'enlaidir un magnifique monument, il l'avait mutilé par la suppression des deux chapelles les plus remarquables placées à l'entrée ; celle qui était à main droite renfermait les fonts baptismaux et trois tableaux à fresque de Pierre Mignard.

La chapelle des mariages était à gauche et ornée également de trois tableaux, peints à fresque par Charles de la Fosse, qui peignit cette chapelle aussitôt après son retour d'Italie : on dit que Lebrun lui avait procuré ce travail, pour prouver à Mignard, qui se flattait de l'égaler, qu'il suffisait de lui opposer un de ses élèves

---

(1) Legrand et Landon. *Description de Paris*, tome I, page 80.

(2) Saint-Victor. *Tableau historique*, tome II, page 169.

(3) *Bulletin des amis des monuments*, tome I, page 252.

et, de fait, les peintures de la Fosse soutenaient fort bien, paraît-il, le voisinage de celles de Mignard (1).

Ces rivalités artistiques, toujours regrettables, sont-elles devenues à notre époque aussi rares qu'on veut bien le dire?

Quoi qu'il en soit, la perte de ces chefs-d'œuvre, quelque regrettable qu'elle soit, était amplement compensée par les œuvres d'art de toute sorte, qui décoraient le reste de l'église, dont plusieurs ont disparu et d'autres œuvres cachées sous un badigeonnage ridicule, ont été retrouvées et reprises en partie lors de la restauration par les soins de l'architecte Baltard.

On sait que cette restauration eut lieu à la suite de l'incendie du 16 décembre 1844, causé par l'imprudence du contremaître de la maison Girard, chargé de la réparation de l'orgue, qui laissa tomber par mégarde une chandelle allumée. Les résultats de cet accident furent incalculables : destruction complète de l'orgue et de sa tribune, calcination d'une partie des grandes voûtes et des murs d'une portion de l'église, destruction des balustrades du sanctuaire, de la chaire de presque toutes les boiseries et chapelles collatérales, des vitraux et du mobilier arraché et dispersé, dans la panique qui suivit ce sinistre.

Ces anciennes orgues, dont on conserve l'estampe dans le grand salon du presbytère, contenaient 10 claviers entiers, 78 registres et 6,000 tuyaux environ, elles avaient été accordées, le 21 mai 1800, par le ministre Chaptal et provenaient de l'ancienne abbaye de Saint-Germain-des-Prés.

« Les amateurs, dit B. de Roquefort dans son Dictionnaire historique de Paris (2), doivent se ressouvenir du parti que le fameux Miroir tiroit de son instrument. Comme l'organiste faisoit les délices des bonnes et des enfants du quartier, les gens de la bonne compagnie appeloient les vêpres de l'abbaye, l'*opéra des servantes*. »

Le 22 février 1802 Miroir était nommé organiste à Saint-Eustache et continuait à attirer la foule, autour de son instrument, installé et restauré par les dons des fidèles.

La tradition de choisir comme organistes des musiciens distingués ne s'est pas perdue depuis ce jour et le mérite du titulaire actuel de ce poste recherché, M. Henri Dallier, peut soutenir à tous égards la comparaison avec celui de ses illustres devanciers.

Il faut dire aussi que la sonorité de l'église est très remarquable et que les orgues

---

(1) Piganiol, loc. cit.

(2) B. de Roquefort, *Dictionnaire historique*, Paris 1826, page 375 et suivantes.

nouvelles du dessin de Baltard et construites par M. Ducroquet, avec le produit d'une loterie, constituent un instrument aussi parfait qu'il est possible de le concevoir et de l'exécuter pour l'emplacement. Elles ont coûté 177,000 francs, rabais déduit, et sont composées de 68 jeux, que l'on a distribués sur quatre claviers à mains et un clavier de pédales, avec une montre entièrement résonnante, de 32 pieds et de 49 tuyaux.

Une ancienne médaille, frappée jadis, par les soins de la fabrique de Saint-Eustache, en 1726 et sur laquelle on fit graver, au revers, la date du 26 mai 1854, nous a conservé le souvenir de l'inauguration de ces orgues nouvelles.

Autre temps, autres mœurs ! L'idée d'une loterie, repoussée avec indignation par le curé Secousse (1), lorsque, faute de fonds, on ne pouvait terminer le nouveau portail de l'église, est acceptée et prônée par l'abbé Deguerry, pour la confection du buffet d'orgue qui la décore maintenant.

Les travaux de restauration, à la suite de l'incendie de 1844, avaient été entrepris par la ville de Paris sous la direction de M. Gode, architecte de la Ville, dès 1845, et c'est lui qui procéda à la reprise et à la réfection des trois premières travées de la nef.

En 1850 Baltard lui succéda, c'est lui qui présida, on sait avec quel soin, au grattage général, à l'édification du maître-autel, de la chaire, du grand orgue, à l'ornementation des chapelles latérales, etc.

Le grattage fit découvrir dans sept chapelles (2), sous le badigeon, dont on avait sali les murs à différentes époques, des peintures à fresque et des entourages de feuilles fantastiques, d'arabesques et d'entrelacs en or, en azur, en vermillon d'une vivacité de ton indestructible et qui rappellent ce que les anciennes basiliques ont conservé de plus parfait en ce genre. On les a restaurées avec le plus grand soin.

La chaire, qui avait été anéantie par l'incendie, était celle que la fabrique acheta le 31 octobre 1796, pour le prix de 240 livres ou de 3,000 livres en assignats et provenait de Notre-Dame ; on l'y avait déposée, après l'avoir extraite de l'église Saint-Augustin ; au dire de B. de Roquefort elle avait été exécutée par le sculpteur Fixon, et dessinée par l'architecte Soufflot, en 1771.

Elle remplaçait celle qui avait été détruite sous la Révolution et dont Lebrun donna le dessin.

Celui de la chaire actuelle est de Baltard ; elle a été exécutée par MM. Melon, menuisier, et Pyanet, ornemaniste.

---

(1) Piganiol, loc. cit., tome III, page 206.

(2) Les deux premières furent mises à jour par M. Haro, le père de l'expert bien connu.

Quant au banc d'œuvre de Le Pautre et Cariauld, on a pu le réparer : il coûta jadis 20,000 livres, donnés par le Régent, en échange d'un tableau célèbre de Valentin, représentant Saint-Jacques à genoux (Piganiol dit Saint-Roch), que ce prince avait fait enlever nuitamment, pour enrichir son cabinet.

Des deux côtés sur des tables de marbre rouge le curé Simon a fait graver le nom et la date de nomination de tous les curés, qui se sont succédé, depuis l'origine jusqu'au jour, où il a été appelé à administrer la paroisse de Saint-Eustache.

Nous n'avons pas la prétention de décrire toutes les œuvres d'art, sculptures, peintures ou vitraux qui font de l'église Saint-Eustache un véritable musée. Contentons-nous d'appeler l'attention sur les statues et les ornements finement ciselés qui décorent extérieurement le portail du Sud, le plus ancien, et celui du Nord, le mieux conservé, et sur l'ornementation générale de l'édifice.

Puis, en pénétrant dans l'intérieur, citons parmi les vitraux ceux du chœur, dont les dessins sont attribués à Philippe de Champaigne et qui sont signés Soulignac, 1631, il y en avait jadis de Pinaigrier et de Cousin ; parmi les tableaux anciens, le beau tableau du martyre de Saint-Eustache, œuvre maîtresse de Simon Vouët, qui fut commandé par le cardinal de Richelieu et donné par Louis XIV ; une autre peinture attribuée également à ce peintre et placée dans la 3e travée ; le tableau de l'adoration des mages de Vanloo dans la 2e travée de gauche et dans la 11e travée du même côté, sur l'autel, le tableau des disciples d'Emmaüs, signé Jordaëns.

Il nous faut signaler aussi les peintures à fresque, qui décorent la chapelle des Saints-Anges (9e travée de droite) de Notre-Dame-des-sept-douleurs (3e travée de gauche), de Sainte-Madeleine (10e travée de gauche), etc., retrouvées en 1849 sous le badigeon et dont la restauration fut confiée à MM. Basset, Haro, Serrur, Cornu, etc. Parmi les peintres modernes qui ont consacré leur talent à l'ornementation de Saint Eustache, nous distinguons les noms de Félix Barrias, de Glaize, de Pills, de Séchant, et parmi les sculpteurs, celui de Guillaume, etc.

Quant aux œuvres de sculpture ancienne, en dehors du banc-d'œuvre, dont nous avons parlé, nous mentionnerons le tombeau de Colbert, exécuté sur les dessins de Lebrun par Coysevox et Tuby. On l'avait d'abord transporté sous la Révolution au musée des Petits-Augustins, mais il a été restitué à l'église, où il se trouve placé dans la 12e travée de gauche. La statue de l'Ange tenant un livre ouvert, qui surmontait le monument et était due au ciseau de Baptiste Tuby, a été brisée dans un des déplacements du monument et a disparu.

On n'a pas retrouvé non plus les monuments funéraires qui garnissaient les chapelles de l'église, comme le médaillon de Cureau de la Chambre, médecin de Louis XIV et l'un des quarante de l'Académie française, mort en 1669 à 75 ans et qui avait été enterré dans l'église. Car c'était une mode, parmi les gens de qualité, de s'y faire inhumer et nous relevons, parmi les personnages les plus connus, les noms de plusieurs autres académiciens tels que :

Vincent Voiture, qui passait pour un des hommes les plus spirituels de son temps et mourut à Paris dans la rue Saint-Thomas-du-Louvre le mercredi 27 mai de l'an 1648, âgé de cinquante ans;

Le grammairien Vaugelas (Claude-Favre, sieur de Vangelas), mort en 1650, à l'âge de soixante ans;

François de la Motte le Vayer, précepteur du duc d'Orléans, né en 1588 au Mans, mort à Paris en 1672;

Antoine Furetière, l'auteur du dictionnaire, mort à 68 ans, le 14 mai 1688;

Isaac de Benserade, poète et courtisan, plus courtisan que poète, qui mourut malheureusement le 19 octobre 1691, à l'âge de 79 ans, par la faute de son médecin, qui en le saignant lui piqua l'artère, etc.

Après les noms des membres de l'Académie française que nous venons de citer, voici celui d'un membre de l'Académie de peinture et de sculpture dont il fut directeur, chancelier et recteur, nous voulons parler de Charles de la Fosse, élève de Lebrun, qui mourut le 13 décembre de l'an 1716, à l'âge de 80 ans.

Cette académie de peinture et de sculpture avait du reste adopté, pour local de ses réunions religieuses, la chapelle Saint-André, sur laquelle elle avait fait graver son blason, que l'on a retrouvé lors des réparations de l'église, en 1845.

On sait d'autre part qu'elle se réunit d'abord, sous l'inspiration de Le Brun, chez le sieur Martin de Charmois, seigneur de Lauré, secrétaire du maréchal Schomberg, ou plutôt dans l'appartement d'un de ses amis, situé rue Trainée, près de Saint-Eustache. Dans le cours de février 1648 elle loua une autre maison, l'hôtel Clisson rue des Deux-Boules; on s'y assembla jusqu'à l'époque où malgré les brigues de Mignard, premier peintre du roi, Louis XIV lui accorda une salle au vieux Louvre; il avait approuvé ses statuts en 1648 et lui accorda des lettres patentes, rappellant ceux-ci, le 23 juin 1655.

Nous avons dit que l'architecte Mansard de Jouy fut inhumé à Saint-Eustache, il en fut de même de Charles David, qui dirigea pendant longtemps les travaux de construction.

A côté des artistes et des littérateurs, parmi lesquels nous ne devons pas oublier Marie Jars de Gournay, la fille adoptive de Montaigne, qui nous a conservé ses œuvres, ainsi que son épitaphe en fait foi, nous trouvons des noms de grands seigneurs comme le chancelier Séguier, le ministre Colbert, encore deux académiciens, et comme nous l'avons dit deux bienfaiteurs de l'église, puis, au milieu de beaucoup d'autres ceux du chancelier d'Armenonville, de Claude de Bullion, surintendant des finances, de l'amiral Tourville et du brave Chevert, dont l'épitaphe bien connue mérite d'être rapportée.

La voici :

Cy git
FRANÇOIS DE CHEVERT
Commandeur grand'croix de l'ordre de Saint-Louis
Chevalier de l'aigle blanc de Pologne
Gouverneur de Givet et Charlemont
Lieutenant général des armées du Roy
Sans ayeux, sans fortune, sans appuy
Orphelin dès l'enfance
Il entra au service à l'âge de XI ans
Il s'éleva malgré l'envie à force de mérite
Et chaque grade fut le prix d'une action d'éclat
Le seul titre de Maréchal de France
A manqué non pas à sa gloire
Mais à l'exemple de ceux qui le
prendront pour un modèle
Il étoit né à Verdun sur Meuse le 2
février 1695 ; il mourut à Paris
le 24 janvier 1769
Priez Dieu pour le repos de son âme.

(Marbre blanc. — Haut. 1 m. 42 c. ; larg. 1 m, 12 c.)

Le style de l'épitaphe de Chevert prouverait au besoin que la langue française n'est pas aussi rebelle qu'on veut bien le dire aux exigences de l'épigraphie. Il s'agit de savoir tirer partie des ressources qu'elle présente. Diderot ou selon d'autres auteurs d'Alembert passe pour avoir composé cette belle et simple inscription. Soldat en 1706, Chevert était lieutenant général des armées du roi, en 1748. La défense de Prague a immortalisé son nom. Sa vie ne fut qu'une suite de sièges et de combats (1).

Autrefois les piliers étaient numérotés et le numérotage commençait au grand portail à droite, en passant devant la chapelle dite de la ville de Paris et revenant par la gauche en faisant le tour des chapelles, on comptait ainsi 26 piliers, on reprenait ensuite les piliers de la nef à gauche et ceux du chœur en redescendant

(1) De Guilhermy. Inscriptions de la France du v au xviii siècle, tome I, page 147.

par la droite. On allait de cette façon du 27e au 48e, le gros pilier qui porte le monument Chevert et qui fait face portail 49 et celui de gauche portail 50.

L'épitaphe suivante est moins connue. Elle est cependant digne d'être mentionnée, ne serait-ce que par sa singulière destinée.

Nous la retrouvons ainsi libellée dans l'ouvrage de M. Guilhermy :

Icy sont
Les entrailles
de Très Haute
Très puissante et très
Excellente princesse Louise
Henriette de Bourbon Conti
Femme de très haut, très puissant
et très excellent prince Louis Philippe
d'Orléans, duc d'Orléans
Premier prince du sang
décédée le 9e Février
1759, âgée de 32 ans
7 mois 11 jours.

(Marbre blanc.)

Un habitant de Rouen possédait un guéridon recouvert d'une plaque de marbre blanc. Ce meuble fut remis, il y a peu de temps, entre les mains d'un ébéniste chargé d'y faire quelques réparations. En démontant la plaque, l'ouvrier retrouva sur le revers l'épitaphe princière de l'aïeule du roi Louis Philippe.

L'inscription était bien conservée : on avait seulement, pour arrondir le marbre et l'approprier à sa destination nouvelle, fait disparaître quelques lettres, en très petit nombre, aux extrémités des 6e, 7e et 9e ligne. Rien n'était plus facile que de remplir ces lacunes. Un filet en losange encadre le texte.

Louise-Henriette de Bourbon-Conti, fille de Louis-Armand de Bourbon, prince de Conti, née le 20 juin 1726, mariée le 17 décembre 1743 à Louis-Philippe d'Orléans, duc de Chartres, depuis duc d'Orléans, mourut au Palais-Royal, le 9 février 1759. Deux jours après, à six heures du soir, ses entrailles, renfermées dans une urne de plomb, furent portées sans cérémonie à l'église Saint-Eustache, sa paroisse. Le cœur et le corps de la princesse eurent leur sépulture à l'église abbatiale du Val-de-Grâce, dans le caveau de la maison d'Orléans, et c'est là qu'on célébra ses obsèques solennelles (1).

(1) *Gazette de France*, 1759, n° 8, 24 février.

L'inscription qui s'est égarée jusqu'à Rouen par une suite de circonstances dont nous ne pouvons surprendre le secret, fut placée primitivement dans une des chapelles de Saint-Eustache.

Cette basilique renfermait en outre une foule de monuments funéraires érigés en grande partie à des bourgeois, comme Guillaume Point l'Asne, dont certains étaient investis de fonctions municipales, tels sont la famille des Gentien qui a fourni plusieurs prévôts des marchands, etc.

L'église possédait également des charniers, situés à l'orient, près de la crypte Sainte-Agnès et qui furent commencés par le curé Marlin, en 1647.

On y entrait par la chapelle dite de Colbert (12e travée de gauche).

En 1804, on ferma l'escalier qui conduisait intérieurement à la crypte de Sainte-Agnès, ne laissant que l'ouverture sur la rue Montmartre.

Quant aux cimetières qui desservaient la paroisse on en compte quatre, abandonnés successivement, sans y comprendre celui des Innocents. Ils se trouvaient :

1° Rue du Jour ;

2° Rue du Bouloi, devant l'hôtel de Flandre, aboutissant par derrière à la rue des Petits-Champs. Sa contenance était de 292 toises. Il fut béni le 6 septembre 1518 par Jean Nervet, évêque de Mégare et, vendu une première fois à Jean Crocheri, sans succès apparemment, puisqu'il fut besoin, en 1625, d'une seconde permission pour l'aliéner au profit du chancelier Séguier qui fit les frais du cimetière Saint-Joseph ;

3° Rue Montmartre, au coin de la rue Saint-Joseph, près de la chapelle de ce nom, Molière et La Fontaine y avaient leur sépulture. Sous la Révolution on démolit la chapelle et on supprima le cimetière, et à la place on construisit un marché, ouvert en vertu d'une ordonnance de police du 13 frimaire an IV, lequel a été fermé depuis peu (1882) et remplacé par des constructions particulières (hôtel du journal *la France*) ;

4° Rue du Faubourg-Montmartre, à droite. On y bâtit, en 1766, une petite chapelle, dédiée à Saint-Jean, qui fut supprimée ainsi que le cimetière en 1793, mais servit plus tard à ce quartier, comme église, lorsqu'on créa la paroisse Notre-Dame-de-Lorette, aux dépens de celle de Saint-Eustache.

Aujourd'hui la paroisse est dans la zone desservie par le cimetière de Bagneux.

Les limites de la paroisse ont varié beaucoup avec le temps.

L'historien du diocèse de Paris dit à ce sujet (1) :

« Pour avoir une idée de l'étendue et circuit de la paroisse de Saint-Eustache, il faut d'abord sçavoir que la rue de la Lingerie des deux côtés en est, puis de la rue aux Fers le côté gauche ou septentrional (2), de là y comprendre le côté gauche de la rue Saint-Denis jusqu'à la maison qui a pour enseigne « la Sellette rouge », située entre la rue Mauconseil et la rue du Petit-Lion. De là le terrain pénètre dans le derrière de cette maison et d'autres qui sont plus loin, traverse le milieu de la rue Françoise, puis passe à travers la Comédie italienne, et vient jusqu'au cul-de-sac de la Bouteille (3). En tout cela ce qui est à gauche est de Saint-Eustache. De ce cul-de-sac, en montant la rue de Montorgueil, la rue des Petits-Carreaux, et, suivant la rue des Poissonières (4), tout ce qui est à gauche en est pareillement.

« Hors la barrière (5), cette paroisse a le côté gauche de la rue d'Enfer (6), de la rue Goguenard (7) et de celle de Saint-Lazare anciennement dite des Porcherons.

« Revenant vers la ville, elle a encore le côté gauche de la rue dite Chaussée-de-Gaillon (8), d'où elle entre dans la rue Louis-le-Grand, et pénètre à travers de tous les jardins des grandes maisons de la rue Neuve-Saint-Augustin en tirant une ligne qui vient aboutir à l'endroit où étoit située la porte de Richelieu (9).

« A cet endroit elle a les deux côtés de la rue de Richelieu, mais ensuite, à commencer à trois maisons avant qu'on soit vis-à-vis le cul-de-sac Menard, elle n'a plus que le côté gauche de cette rue, jusqu'à la rue Saint-Honoré, et depuis le coin de la rue Saint-Honoré tout le côté gauche jusqu'à la rue de la Lingerie où nous avons commencé. »

A partir du 10 prairial an XI (30 mai 1803), la circonscription de la paroisse fut diminuée de la partie de son territoire concédée au profit des églises Bonne-Nouvelle, Saint-Vincent-de-Paul, Notre-Dame-de-Lorette, Saint-Roch et Notre-Dame-des-Victoires.

Une maigre compensation était accordée à Saint-Eustache, qui bénéficiait de trois

---

(1) Lebeuf, loc. cit., page 96.

(2) Actuellement rue Berger.

(3) Disparu par suite du percement de la rue Étienne-Marcel.

(4) Rue Poissonnière.

(5) Au-delà du boulevard.

(6) Rue Montholon.

(7) Rue Coquenard.

(8) Rue de la Chaussée-d'Antin.

(9) Près la rue Ménars.

rues, faisant partie de l'ancienne paroisse des Innocents, du cloître Saint-Honoré et du territoire enclavé entre les rues Saint-Denis, du Petit-Lion, Montorgueil et Saint-Sauveur, appartenant jadis à la paroisse Saint-Sauveur.

En 1854, la délimitation nouvelle de Saint-Leu a encore rétréci ses limites. Si l'on ajoute, à ces pertes successives de territoire, celles qui proviennent des travaux de voirie, exécutés depuis soixante ans, on ne sera plus étonné de voir les ressources de la fabrique se tarir de jour en jour.

M. Colin signalait, en 1834, la perte de 4,000 habitants, chassés pour faire place au marché des Prouvaires.

La démolition de la rue Trainée, en 1847, en faisait disparaître 5,000 autres (?) au dire de M. Deguerry.

Puis, l'établissement des Halles centrales entraîna la destruction de cinq cents maisons.

En 1880 et 1887, nouvelles démolitions pour la reconstruction de la Poste, le percement de la rue du Louvre et, plus tard, pour la transformation de la Halle au blé en Bourse de commerce.

Aussi la population de la paroisse est-elle descendue de 50,000 à 17,000 habitants environ.

Puis les anciens riches hôtels du temps passé ont été détruits ou transformés, citons seulement : l'hôtel de La Vrillière où se trouve la Banque de France, celui de Gesvres, rue Coq-Héron, devenu le siège de la Caisse d'épargne, l'hôtel d'Armenonville où mourut La Fontaine, et sur l'emplacement duquel la Poste a été reconstruite, l'hôtel de Soissons aujourd'hui Bourse de commerce, l'hôtel de Mazarin, tour à tour hôtel de Nevers, de la Compagnie des Indes, de la Loterie royale et enfin Bibliothèque nationale, de même l'hôtel de Mercœur, bâti en 1636, rue Saint-Honoré, est devenu le Palais-Royal.

De nos jours, la population riche a quitté peu à peu les quartiers du centre, pour se porter à l'ouest.

Tous ces changements ont eu leur contre-coup sur les finances paroissiales et la paroisse la plus riche de Paris sous Henri IV, la *paroisse royale* sous l'ancien régime, est passée au rang de cure de 2e classe depuis la Révolution.

Lebeuf rapporte que M. Cospeau, mort évêque de Lisieux « manqua d'être curé de Saint-Eustache, mais, comme il était de Mons en Hainaut, il ne plut point à Henri IV, qui ne vouloit pas qu'un étranger eût la première cure de sa bonne ville de Paris (1). »

---

(1) Lebeuf, loc. cit., tome I, page 94.

D'après un inventaire de la fabrique, elle possédait, en 1641, vingt-six maisons estimées la somme de 352,000 livres tournois.

Il y avait à cette époque 1 curé, 1 vicaire, 6 sous-vicaires et 80 prêtres. Aujourd'hui on ne compte plus que 1 curé et 10 prêtres et nous avons vu qu'en 1892 le budget se soldait en déficit et qu'en 1893 le chiffre des dépenses, réduites cependant au strict nécessaire, depuis qu'on a commencé les travaux de consolidation de l'église, était sensiblement égal à celui des recettes.

Et cependant Saint-Eustache est dans une situation privilégiée, par rapport aux autres églises, relativement à son presbytère, il appartient à la fabrique, car, frappé de la main-mise nationale, pendant la Révolution, il a été rendu à sa destination en vertu de l'arrêté du 7 thermidor an XI. Cet arrêté des consuls est ainsi libellé :

« Article premier. — Les biens des fabriques non aliénés, ainsi que les rentes « dont elles jouissaient et dont le transfert n'a pas été fait, sont rendus à leur « destination ».

Or la maison de la Tour, le presbytère actuel, reconstruit en 1772, avait bien été mise à la disposition de la Nation, comme tous les biens ecclésiastiques, par la loi des 2-4 novembre 1789; mais, au moment où elle allait être mise en vente par le Domaine, la loi du 26 fructidor an V (12 septembre 1797) ordonna de surseoir à la vente des ci-devant presbytère, jardin et bâtiments y attenants non encore vendus ou adjugés.

Elle resta donc dans les mains du domaine qui la sous-louait au curé, chef du culte catholique, lors du rétablissement provisoire de ce culte, et elle fut rendue à la fabrique par l'arrêté du 7 thermidor an XI, que nous avons cité plus haut.

Il y a même des boutiques dépendantes du presbytère et dont la fabrique n'a cessé depuis de toucher les loyers.

Nous venons de passer en revue l'histoire proprement dite de la basilique des Halles, disons quelques mots maintenant de son architecture.

Nous n'avons pas la prétention d'en donner une description détaillée, mais de fournir seulement quelques renseignements auxquels on voudra bien reconnaître, croyons-nous, une certaine utilité.

L'église Saint-Eustache est la plus grande de Paris, après Notre-Dame, qu'elle rappelle par sa vaste croix latine, son double rang de collatéraux et son élévation considérable.

En dehors de sa structure forte et hardie, de ses lignes pures et sévères, on y trouve de petites colonnettes de style italien agraffées, pour ainsi dire, aux piliers, dont elles interrompent la monotonie.

L'église a dans son œuvre (1) 88 m. 40 c. de longueur et 42 m. 74 c. de largeur.

Les bas-côtés à partir des axes des piliers ont 6 mètres de largeur.

La hauteur de la nef est de 33 m. 46 c.

L'épaisseur de la voûte au droit de la nef est de 0 m. 41 c.

Depuis cet extrados jusqu'au faîtage, on compte 15 m 58 c.

La nef est supportée par dix piliers.

Il y en a douze dans le chœur et les quatre du fond sont tellement rapprochées qu'on n'a pu y employer l'arcade, comme dans tout le reste de l'église. Ils se lient entre eux par des ogives.

Il y a, en outre de la chapelle de la Vierge et des deux grandes croisées, formant les bras de la croix, vingt-quatre chapelles ou travées éclairées chacune par une fenêtre à quatre jours, séparés par des meneaux délicatement sculptés, surmontés de quatre impostes, en forme de trèfle pour la plupart.

Ainsi, loin d'être obscure, comme Lebeuf le lui reproche, on ne sait vraiment pourquoi, cette église est une de celles, où la lumière est le mieux répartie. Elle pénètre, en effet, par quatre rangées de fenêtres. On peut compter :

1° Dans le haut du chœur six fenêtres partagées en deux arcades et cinq couronnant l'abside, mais coupées en ogives. Ensuite dans la même hauteur règnent, dans le transept et la nef, seize grandes fenêtres partagées en quatre compartiments par des meneaux rayonnants et couronnées par des trèfles historiés ;

2° Au-dessous de ces grandes fenêtres se cachent, dans le fond de la galerie circulaire, cent onze petites fenêtres d'un cintre uniforme ;

3° Au-dessus des chapelles, vingt-quatre fenêtres éclairent les nefs collatérales et le prolongement déambulatoire de l'abside ; celles-ci sont divisées en quatre compartiments par des meneaux légers qui se terminent en cœurs ;

4° Les chapelles elles-mêmes ont chacune leur haute et large fenêtre, également partagée en quatre compartiments par de semblables meneaux, dont les entrelacements gracieux forment, au-dessus des quatre arcades, deux ovoïdes et deux sphéroïdes accouplés, qui reposent sur des rhomboïdes de diverses grandeurs. Ce sont donc encore vingt-quatre fenêtres, dont deux seulement ont été masquées par les nécessités du culte. A ces cent quatre-vingt-quatre issues ouvertes, à la lumière du

---

(1) Nous empruntons ces données à l'ouvrage de l'abbé Gaudreau, Notice sur Saint-Eustache, Paris 1855. — L'abbé Torré, dans son guide, donne 88 m. 80 c. pour la longueur et 38 m. 46 c. pour la hauteur de la nef. Il y a peut-être là une erreur de copie. (*Note* du rapporteur).

jour, il faut joindre les trois magnifiques fenêtres de la chapelle de la Vierge, les rosaces, etc, etc., soit en tout deux cent vingt-deux ouvertures grandes et petites, qui trouent la pierre de toutes parts et baignent l'église de lumière diffuse.

On remarque, au milieu de la voûte de la croisée et à celle qui termine le fond du chœur, deux clefs pendantes qui ont beaucoup de saillie hors de la voûte et où viennent en aboutir les arêtes.

Le soir l'église est éclairée par 82 candélabres en bronze doré, ayant coûté 45,000 francs en 1878 ; ils ont été dessinés par M. Vaudremer et portent en totalité 2,250 becs de gaz.

En 1854, il y avait sous le télégraphe quatre cloches provenant de la Samaritaine du pont Neuf. Son carillon avait été donné moitié à Saint-Roch et moitié à Saint-Eustache par la ville de Paris. La fabrique avait vendu les dix-neuf plus petites en 1833 ; sur les quatre qui restaient, la 1re portait les indications suivantes : « Desprez, fondeur du roy, fecit ; j'ai été fondue le 9 septembre 1774 ». Sur quatre côtés étaient les écussons de France. La 2e ne portait que l'écusson royal avec ces mots : « Ludovicus Magnus Franc et Nav. rex. 1685 ». La 3e et la 4e portaient le même écusson et le millésime 1685.

Comme ces quatre cloches, qui étaient cependant les plus fortes, n'étaient pas en proportion avec le monument, la fabrique résolut de les remplacer par une cloche mieux appropriée et comme il n'est pas, paraît-il, de petites économies, on les fit entrer dans la fonte d'une cloche nouvelle, en y ajoutant 400 kilog. de bronze, ce qui porta le poids de cette cloche à 1,200 kilog. Elle fut placée dans le beffroi. Une autre cloche d'un ton plus grave pesant 1,300 kilog. fut baptisée par le cardinal Donnet le 28 janvier 1855. On l'a appelée « Agnès Rose », elle porte cet exergue : « Laudo deum, cœtus voco, luctus, gaudia pulso ».

Nous ne pouvons quitter ce sujet sans parler de l'horloge placée du côté de la pointe Saint-Eustache et dont l'éclairage nocturne rend tant de services à la population des Halles. Elle porte cette inscription « Claude Lory, maistre horloger des bastymens du Roy, a fait et posé cette horloge au mois d'octobre 1718. » Lepaute l'a réparée en 1851 et c'est lui qui l'a disposée de manière à recevoir une lumière pendant la nuit.

Il en existait une plus ancienne, qui présentait cette particularité que c'était la rosace même, située au-dessus du portail méridional, dont les compartiments contenaient les heures, elle faisait entendre son timbre dans l'église, mais, pendant les travaux exécutés dans cette partie du bâtiment, presque tous les rouages ont été détruits.

Il nous resterait à faire connaître maintenant l'opinion des différents auteurs sur la valeur artistique du monument ; contentons-nous de dire que si les contemporains comme Pierre Bonfons, Du Breul et Malingre, en ont fait un éloge pompeux, d'autres, comme Lebeuf et ceux qui l'ont copié, sans le nommer du reste, l'ont dénigré à plaisir, en exaltant au contraire la façade de Mansard, dont le style bâtard, par exemple, est apprécié aujourd'hui à sa juste valeur.

Ceci dit, nous ne croyons pas pouvoir mieux terminer cette partie de notre travail qu'en empruntant à une note que M. Bouvard a bien voulu nous communiquer quelques considérations sur le caractère architectural de l'église Saint-Eustache :

Au point de vue architectural, nous écrit-il, l'église Saint-Eustache est un exemple rare et curieux d'un style de transition, ou plutôt de la superposition de deux styles.

Au moment de la construction de cette église le style de la Renaissance commençait à remplacer le Gothique qui, après avoir brillé d'un vif éclat au XIIIe et au XIVe siècles, se perdait dans les complications et les mièvreries des formes flamboyantes : les dentelles de pierre, les broderies de détail envahissaient, pour les détruire, les grandes lignes et les belles proportions des édifices publics. Une réaction s'imposait : elle se fit tout naturellement lorsque les artistes italiens apportèrent en France les éléments rajeunis de l'architecture antique.

Mais, pour qu'un style succédant à un autre prenne son plein épanouissement il faut plus qu'un changement d'ornementation et d'enveloppe, il faut une modification de la structure même de l'édifice et de ses éléments de construction, sinon les lois inéluctables de la stabilité reprennent le dessus et donnent naissance à un effet spécial de transformation ou de transition.

L'église Saint-Eustache est un exemple frappant et remarquable de cette transition. Le plan reste celui d'une église gothique, quand l'ornementation prend le caractère du style Renaissance le plus pur, pour produire une superposition d'effets du plus haut intérêt esthétique.

Ce monument mesure plus de 100 mètres de longueur sur 43 mètres de largeur et 50 mètres de hauteur au faîtage. Sa disposition générale est celle d'une cathédrale du moyen-âge avec ses cinq nefs, ses chapelles latérales, son transept, son abside, ses hauts piliers, ses verrières et ses arcs-boutants; mais sa décoration emprunte à l'art antique des formes nouvelles, des détails délicats où les ordres, les pilastres, les sculptures s'inspirent des plus beaux exemples des monuments italiens.

Pourquoi Dominique de Cortone qui commença Saint-Eustache n'adopta-t-il pas un plan entièrement nouveau, constituant de toutes pièces une église de la Renaissance?

Est-ce par respect pour des dispositions qu'il admirait ou par crainte de froisser trop vivement les préjugés de l'époque? Peut-être s'est-il simplement heurté aux traditions des corporations du bâtiment et aux habitudes de construction en usage. Mais, si son génie personnel se soumit aux règles du passé dans l'ordonnance générale, il reprit son plein essor dans la composition des détails où l'on retrouve le sentiment artistique, le goût délicat qui présida à la conception de la façade de l'Hôtel de Ville. L'œuvre qui en est résultée est d'un charme étrange et puissant.

C'est la seule église française bâtie d'un seul jet au commencement du XVIe siècle ; c'est l'édifice où la Renaissance a livré contre l'art Ogival, sur le terrain de l'architecture religieuse, la lutte suprême et victorieuse. C'est plus qu'une église, c'est un monument historique de premier ordre, c'est un musée de l'art français contenant des œuvres de la plus haute valeur :

orgues, stalles, bancs-d'œuvre, tombeaux, vitraux, sculptures, peintures, etc., qui font l'admiration des artistes et de tous les étrangers qui visitent Paris.

Il est à jamais regrettable que les édiles du XVIIIe siècle aient laissé détruire le beau portail qui existait avant 1750 pour la construction massive et sans grâce de Mansart de Jouy et Moreau. Il serait déplorable que ceux de notre époque laissassent tomber en ruine ce qui reste de ce monument unique d'une époque de transition.

Nous espérons, Messieurs, que vous partagerez l'opinion d'un homme aussi compétent, dans les questions artistiques, que notre habile et savant inspecteur général des services municipaux d'Architecture et que vous voudrez bien prouver une fois de plus que notre société démocratique et républicaine a autant de souci de la gloire de Paris et des intérêts de l'art que les monarchistes du temps passé.

6

TROISIÈME PARTIE

Résumé. — Conclusions.

Nous résumerons en quelques mots ce rapport peut-être trop long, mais certainement très incomplet, par suite du peu de temps que nous avons eu à y consacrer.

Depuis fort longtemps le service d'Architecture signale le mauvais état de la toiture et des façades de l'église Saint-Eustache, qui est un des monuments historiques et artistiques des plus intéressants.

Son histoire est assez singulière; l'ancien bâtiment, d'abord chapelle de Sainte-Agnès, que l'église actuelle est venue remplacer plus tard, datait du commencement du XIIIe siècle. Il a vu le passage des Pastoureaux pendant la captivité de Saint-Louis et a servi de siège à la confrérie de Saint-André, fondée sous Charles VI par la corporation des bouchers et les partisans du duc de Bourgogne; les assistants et le curé lui-même portaient des chapeaux de roses.

Là aussi se réunissaient les lingères et les porteurs de blé. Il reste à peine quelques vestiges de ces anciennes constructions.

Quant au monument qui existe actuellement, il a été construit de 1532 à 1642, sur les plans de Dominique de Cortone, dit le Bocador, sauf la façade sur la rue du Jour, mauvaise copie de celle de Servandoni à Saint-Sulpice, et qui a été maladroitement rajoutée par Mansard de Jouy, un faux Mansard également, et Moreau, son continuateur.

L'église Saint-Eustache a subi le contre-coup de tous les bouleversements de Paris, depuis la Ligue et la Fronde jusqu'aux révolutions de 1789 et de 1848, sans parler des événements de 1871.

Elle nous rappelle aussi les souvenirs des illustres personnages qui ont contribué par leurs deniers à son édification, comme Séguier et Colbert, ou par leur talent à son embellissement, comme le Bocador et Charles David parmi les architectes, Le Brun, Mignard, de la Fosse, Simon Vouet, Cartauld, Pinaigrier parmi les peintres, Sarrazin, Tuby, Le Pautre et Coysevox parmi les sculpteurs, pour ne citer que les plus connus.

On y trouvait les tombeaux du grand ministre dont nous avons cité le nom, ceux du brave Chevert, du chancelier d'Armenonville, du duc de la Feuillade, le célèbre courtisan de Louis XIV, du financier Claude de Bullion, du poëte Benserade, du grammairien Vaugelas, du médecin Cureau de la Chambre, de la famille Le Prêtre dont descendait le maréchal Le Prêtre de Vauban, qui a été probablement inhumé dans l'église, car en 1854 on retrouva des vestiges de son blason, etc.

On célébra dans cette église les obsèques de Mirabeau et le culte de la déesse Raison et des théophilantropes sous la Révolution.

Au point de vue artistique, l'église Saint-Eustache se recommande par un style grandiose, alliance du style gothique et du style Renaissance le plus pur, combinaison aux effets les plus inattendus, dont elle reste le dernier spécimen, depuis la destruction de l'ancien Hôtel de Ville, qui datait de la même époque. Sa belle ordonnance et le fini de son ornementation en font un véritable musée.

Eh bien, Messieurs, ce splendide bijou de la Renaissance menace ruine et cette situation est une cause de péril permanent pour la sécurité publique.

A la suite d'un accident survenu en 1887, à un sieur Vally, qui fut blessé à l'épaule par la chute d'une pierre détachée de l'édifice, la Ville fut déclarée civilement responsable par le Conseil d'État et condamnée à 15,000 francs de dommages et intérêts.

L'Administration introduisit alors un mémoire et le Conseil municipal vota un crédit de 50,000 francs représentant le quart de la dépense nécessitée par les travaux les plus urgents.

Mais la Fabrique, à qui incombaient les autres quarts, ayant choisi un architecte indépendant de l'Administration, celui-ci, au lieu d'employer les fonds à des travaux de sécurité disséminés sur toute l'étendue du monument, les fit servir à la restauration complète d'une petite portion de l'église.

Ce mode d'opérer laissait subsister presque entièrement les causes de danger que l'on avait voulu conjurer, aussi la situation ne tarda pas à empirer de telle sorte que l'on fut obligé de prendre d'urgence des mesures de protection.

Des effondrements s'étaient produits le long de la voie privée située au nord de l'église, et des pierres détachées de la façade sur la rue de Rambuteau étaient venues tomber dans la clôture de planches, sans causer heureusement d'accidents de personnes.

On déplaça la station de voitures, établie le long de cette clôture, et la préfecture de la Seine, saisie de la question par la préfecture de Police, se livra à une enquête sérieuse.

A la suite de cette enquête, dans laquelle on prit l'avis de tous les intéressés, l'Administration conclut à la nécessité d'entreprendre immédiatement la restauration complète du monument.

La Fabrique avait épuisé toutes ses ressources, elle fit appel à l'Archevêché qui consentit à prélever sur le fonds commun, provenant des bénéfices sur les pompes funèbres, une somme suffisante pour rembourser, par annuités, à la ville de Paris les trois quarts de la dépense jugée nécessaire.

L'évaluation, faite par M. Bouvard, directeur du service d'Architecture, se monte au chiffre total de 600,000 francs.

Il calcule que les travaux devront durer six années.

Se fondant tout à la fois sur la responsabilité de la Ville en cas d'accident et sur les lois de 1809 et de 1837, d'où il résulte qu'en cas d'insuffisance de recettes des fabriques, le concours financier de la Ville peut être réclamé, que son obligation pour être subsidiaire n'en existe pas moins légalement, l'Administration propose de faire l'avance des fonds, lesquels seraient remboursés par la Fabrique, jusqu'à concurrence des trois quarts (soit 450,000 francs), en trente annuités de 15,000 francs chacune.

Cette proportion des trois quarts est celle qui a déjà été adoptée par le Conseil municipal, en 1892, sur le rapport de notre ancien collègue, M. Darlot, au nom de la 2e Commission.

Nous ajouterons que le classement de l'église Saint-Eustache parmi les monuments historiques nous autorise à inviter l'Administration à faire appel au concours financier du ministère de l'Instruction publique, pour obtenir une subvention qui viendrait, dans une certaine mesure, dégrever la ville de Paris de sa part contributive.

Le principe d'une subvention de l'État a, du reste, été accepté par le ministère compétent, ainsi que M. le Préfet nous en a donné l'assurance.

Est-il nécessaire d'ajouter que, la ville de Paris faisant l'avance des fonds et ayant la responsabilité des accidents qui pourraient survenir, c'est sous sa direction que se feraient les travaux, à qui l'on imprimerait une impulsion différente de celle que l'architecte de la Fabrique avait cru devoir leur donner?

C'est ainsi que l'on commencerait les travaux de sécurité sur toute l'étendue de l'édifice, avant de procéder à la restauration proprement dite.

La Commission de répartition du fonds commun qui, comme nous l'avons dit, tire ses ressources du monopole des pompes funèbres, a subordonné ses versements aux trois conditions suivantes :

1° Les versements annuels faits à la fabrique cesseraient de plein droit, si ce monopole venait à lui être enlevé ;

2° Dans le cas où la direction des travaux cesserait d'appartenir au conseil de fabrique, il garderait un droit de contrôle et de surveillance pour la bonne exécution des travaux ;

3° Les travaux devraient être achevés dans un délai maximum de six années.

Sans insister davantage sur les raisons de toute nature qui militent en faveur de la restauration de l'église Saint-Eustache, nous venons vous proposer, au nom de la 2e Commission, d'accepter les conclusions de l'Administration, et nous insistons pour que votre vote ait le plus tôt possible son effet utile, en faisant disparaître toute cause de péril imminent.

Nous résumons ainsi ces diverses propositions :

Prise à forfait des travaux de restauration par la Ville, travaux évalués à 600,000 francs et exécutés dans une période de six années;

Avance de 450,000 francs à la fabrique, remboursables sans intérêts, en trente annuités de 15,000 francs chacune, exigibles le 1er juillet, la première devant être acquittée le 1er juillet 1895 ;

Ouverture en 1895 d'un crédit de 100,000 francs en dépenses pour restauration de l'église, et de 15,000 francs en recettes pour la première annuité de la fabrique ;

La part de la Ville dans la dépense serait d'un quart, soit 150,000 francs, proportion qui a été fixée lorsqu'on a commencé les travaux de 1893 ;

On stipulerait en outre que l'État serait invité à contribuer à la dépense, l'église Saint-Eustache étant classée parmi les monuments historiques ;

Enfin les travaux auraient lieu sous la direction du service d'Architecture.

Si, comme nous l'espérons, vous voulez bien accepter les conditions ci-dessus, qui nous paraissent répartir équitablement les charges, tout en sauvegardant les droits de la Ville, nous vous prierons de voter le projet de délibération qui suit.

Paris, le 29 mai 1895.

Le rapporteur,
ALFRED LAMOUROUX.

PROJET DE DÉLIBÉRATION

Le Conseil,

Vu le mémoire, en date du 27 février 1895, par lequel M. le préfet de la Seine propose de faire contribuer la ville de Paris aux dépenses de restauration de l'église Saint-Eustache;

Vu les pièces du dossier;

Vu le rapport de sa 2e Commission,

Délibère :

Article premier. — La ville de Paris se charge de la restauration de l'église Saint-Eustache, travaux dont la dépense est évaluée par le service d'Architecture à 600,000 francs.

Art. 2. — La fabrique remboursera à la ville de Paris une somme de 450,000 francs au moyen de trente annuités de 15,000 francs chacune à l'échéance du 1er juillet de chaque année, la première devant être payée le 1er juillet 1895.

Toutefois, si durant le cours de la période de remboursement les fabriques perdaient le monopole des pompes funèbres, la fabrique Saint-Eustache serait déchargée du paiement des annuités restant dues, à moins que la fabrique ne puisse faire face, à ce moment, aux annuités avec ses ressources ordinaires.

Art. 3. — Un crédit de 100,000 francs est ouvert à cet effet au budget de 1895; ladite somme sera prélevée sur le crédit inscrit au chap. xxiii *ter*, art. R et rattachée à l'art. 2 dudit chapitre.

Art. 4. — Un crédit en recette de 15,000 francs est inscrit au budget communal de 1895, chap. xvii, art. 6/10.

Art. 5. — M. le Préfet est invité à réclamer la coopération financière du ministère de l'Instruction publique (Commission des monuments historiques).

Art. 6. — La direction des travaux, qui devront être effectués dans un délai de six années, appartiendra à la ville de Paris.

ANNEXES

Annexe n° 1. — Règlement de l'évêque Regnault en 1254.

Annexe n° 2. — Serment des anciens curés de Saint-Eustache.

Annexe n° 3. — Noms et dates de nomination des curés de Saint-Eustache.

Annexe n° 4. — Circonscription de la paroisse.

ANNEXE N° 1.

Règlement de Regnault, évêque de Paris, entre le doyen de Saint-Germain-l'Auxerrois et le curé de Saint-Eustache (1) en 1254.

Reginaldus miseratione divinâ parisiensis ecclesiæ minister indignus, universis presentes litteras inspecturis salutem in Domino.

Noverit universitas vestra, quod cùm inter dilectos filios decanum Sancti Germani Autissidorensis Par. ex unâ parte, et Guillelmum presbyterum Sancti Eustachii Paris. ex alterâ, super diversis articulis orta esset materia quæstionis propter quod impediri et perturbari frequenter divinum officium contingebat; tandem prœdictæ partes, videlicet decanus pro se et successoribus suis, de assensu et voluntate capituli dicti Sancti Germani, in nostrâ præsentiâ propter hoc constituti, et dictus Guillelmus presbyter pro se et successoribus suis, in nos super omnibus quœstionibus, articulis et contentionibus inter ipsos ratione parochiæ Sancti Eustachii hactenùs retroactis et quœ occasione ipius ecclesiœ poterant inter eos suboriri, compromiserumt juramento prœstito, promittentes sub eodem juramento, se firmiter et inviolabiliter observaturos, et ad hæc successores suos quoslibet generaliter et specialiter obligantes, quicquid per nos super prœmissis omnibus et singulis hanc et has fuerit ordinatum, secundum ordinationem, quam aliàs fecimus inter dictum decanum et presbyterum parochialem dicti Sancti Germani, super contentionibus quœ occasione parochiœ Santi Germani inter eos vertebantur, salvâ tamen nobis et retentâ de consensu partium potestate addendi, declarandi, diminuendi, mutandi, detrahendi, corrigendi et aliter disponendi, quàm in ordinatione prœdictâ sit contentum, pro voluntatis nostræ arbitrio, super contentionibus et aliis de quibus est in nos a dictis decano et presbytero Sancti Eustachii compromissum.

Nos autem, inspectâ diligenter ordinatione jam factâ inter decanum et presbyterum Sancti Germani prœdicti, consderatis etiam articulis qui nobis ad prœsens occurrerunt de quibus inter eos contentio movebatur, communicato bonorum consilio, partibus prœsentibus, et ordinationem nostram instanter petentibus, in primis ordinamus, dicimus et diffinimus, quod decanus, qui nunc est et successores percipiant et habeant liberè et quietè de cœtero totam ceram quœ quoquomodo offeretur et obveniet ratione parochiæ, in eadem ecclesiâ Sancti Eustachii; presbytero tamen parochiali ad faciendum divinum servitium idem décanus luminare competens ministrabit.

Item, quod decanus et ejus successores omnes oblationes atque proventus omnium missarum,

(1) Felibien et Lobineau, *Histoire de Paris*, pièces justificatives, tome III, page 97.

quæ celebrabunturin ecclesiâ Sancti Eustachii in festivitatibus omnium sanctorum, Natalis Domini, Paschœ, et Pentecostes sine participatione aliquâ presbytero facienda percipiant et habeant, salva capitulo Sancti Germani portione quam in prœdictis item capitulum percipere comprœdictis idem capitulum percipere consuevit.

Exceptis tamen missis defunctorum quorum corpora in dictis festivitatibus in ecclesiâ prædictâ contigerit esse prœsentia, et exceptis oblationibus peregrinorum et mulierum purificatarum, et eos sive eas sequentium, quarum oblationum decanus qui fuerit protempore medietatem tantum habebit, alterâ medietate penes parochialem presbyterum libere remanente. Ordinamus etiam, dicimus, et diffinimus, quod de cœtero oblationes primæ missæ celebrabitur in dicta ecclesia, decano, et presbytero sint communes, non obstante usu, vel consuetudine, vel ordinatione aliqua super iis hactenùs observatis. Item volumus, ordinamus, et diffinimus, quod in omnibus aliis oblationibus, et proventibus quocumque modo ratione juris parochialis provenientibus ad manum presbyteri parochialis, vel capellanorum suorum, seu cujuscumque ex parte sua, habeant et percipiant decanus et successores ipsius medietatem, sive provenientem in dictâ ecclesiâ, sive extra, et presbyter Sancti Eustachii, aliam medietatem, exceptis victualibus quæ presbytero dantur, quæ solus presbyter poterit retinere, si valorem duorum solidorum parisiensum non excedant.

Quod vero, superfuerit communicare tenebitur eidem decano, si dicta victualia majoris valoris existant. De denariis vero qui dantur in confessionibus, et de denariis qui dantur quando pueri baptizantur, et de denariis qui dantur quando infirmi visitantur et quum inunguntur, item de legatis quæ fiunt presbytero S. Eustachii ratione parochiæ suæ, sive fiant in rebus mobilibus sive immobilibus, et de denariis qui dantur pro lectulis nuptiarum, item de denariis qui dantur a nubentibus in foribus ecclesiæ, habebunt decanus et successores ejus medietatem, et presbyter parochialis alteram medietatem.

De denariis tamen qui dantur in confessionibus presbyter parochialis dare poterit capellanis quos ad audiendum secum confessione in quadragesima, advocabit pro scientia et quantitate laboris; ita tamen quod tertiam partem oblationum quæ ad manus ipsius obveniunt non excedat. De denariis etiam quos recipit presbyter à nubentibus, duos denarios dare poterit, licentiâ decani non petitâ.

Verùm si de nocte postquàm presbyter lectum intraverit, ab aliquo presbyterum vocari contingat, oblationes quæ tunc fient non communicabit decano, nisi octo denarios tunc excedant, quod vero ultra octo denarios fuerit tenebitur communicare.

Item quum dictus presbyter celebrabit pro defunctis, si oblationes usque ad valorem duorum solidorum attingant, poterit presbyter dare pauperibus de communi duos denarios, licentiâ non petitâ. Crismalia autem omnia habebit decanus.

Item si unum corpus vel plura corpora defunctorum deferrentur ad ecclesiam S. Eustachii in aliquâ dictarum festivitatum quatuor, unica tamtum missa pro illo vel pro illis omnibus celebrabitur, cujus oblationes decano et presbytero erunt communes. Oblationes vero primæ missæ quæ celebrabitur in crastino omnium sanctorum erunt communes presbytero et decano, sicut de oblationibus cujuslibet primæ missæ est superiùs ordinatum, exceptis quatuor festivatibus supradictis.

De festo autem S. Eustachii volumus et statuimus, quod firma et stabilis remaneat ordinatio, prout de eâ fuit aliâs ordinatum. Cæterum si presbyter viderit expedire quod aliqui extrà ecclesiam S. Eustachii matrimonialiter conjungantur ex causa, debet hoc denuntiare capicerio dicti decani, et post sive capicerius consenterit sive non, salvo omni jure decani, poterit in aliâ ecclesiâ ex causâ dictis contrahentibus matrimonium celebrare divina. Matricularios vero et fossarium decanus et ejus successores instituent et destituent pront est hactenùs observatum; ita tamen quod presbytero parochiali jurabunt quod ei obedient bonâ fide in iis in quibus ei obedire debent ratione parochiæ supradictæ, quos si presbyter asseruerit in verbo sacerdotis eidem decano ipsos, vel aliquem ipsorum esse inutilem vel infamem, idem decanus illum vel illos ad petitionem presbyteri tenebitur amovere. et alium vel alios idoneos subrogare.

Citationes vero et mandata suorum superiorum presbyter parochialis per ipsos matricularios vel per alios per quos expedire viderit, exequetur, licebit insuper presbytero parochiali, qui pro tempore fuerit, libros proprios et ecclesiatica ornamenta, si voluerit, secum ad ecclesiam deferre, et in eis celebrare divina, et in propria custodia conservare.

Verum quia presbyter parochialis in die Paschæ plusquam in aliis laborare tenetur, cujus diei oblationes soli decano assignavimus, ut superius est expressum, volumus et ordinamus, quod presbyter parochialis et successores ipsius de cætero percipiant annuatim in oblationibus dictæ diei Paschæper manum capicerii decani decem solidos turonenses pro labore.

Ordinamus insuper et statuimus, quod quotiens contingerit presbyteros parochiales vel eorum capellanos mutari, presbyter parochialis substitutus de novo infrâ tres dies dicto decano publice faciet juramentum quod decano et successoribus suis de omnibus quæ ad ipsum pertinuerint, seu ad manus capellanorum suorum occasione dictæ parochiæ provenerint, medietatem decano fideliter restituet, exceptis iis quæ superius sunt excepta.

Sub eodem etiâm juramento concludi volumus et comprehendi, quod nullatenus procuret sacerdos, vel ispsius capellanus quod modica fiant legata presbytero, vel quod in aliquo deterioretur vel diminuatur portio quam assignavimus dicto decano, et ut omnis fraus pleniùs excludi valeat, inhibimus dicto presbytero et successoribus ejus ne legata capellanorum, vel clericorum suorum ad firmam capiant, vel aliquam partem ex pacto, vel alias aliquid in ipsis, sibi vendicare præsumant. Volumus etiam quod cùm legatum sibi factum sacerdos repetere voluerit ab hæredibus sive executoribus defuncti, decano denuntiet vel ejus procuratori quantitatem legati sibi factum, et quod ad ipsum repetendum mittat decanus, si voluerit, cum presbytero, ut ambo simul legatum repetant, non nominatâ personâ decani, nominando personas et locum et tempus, et qui intervenerint testamento sive logato.

Volumus insuper et ordinamus, quod idem presbyter S. Eustachii de matutinis missis videbitur expedire, salvis tamen et alio divino servitio singulis sibi et dicto decano communibus, ordinet et disponat proùt mèlius iis quæ de quatuor festivitatibus prœdicti et festa S. Eustachii superiùs sunt expressa statuimus etiam et volumus, quod in prixide communi in quâ reponuntur oblationes communes, siut duæ claves de cœtero, quarum unam habeat decanus, et aliam presbyter S. Eustachii, et quod reponatur ubi reponi hactenùs consuevit. Ut autem ordinatio ista vires capiat a præsenti, præcipimus dicto Guillelmo presbytero parochiali, sub debito juramenti quod nobis præstitit de ordinatione nostrâ observendâ, quod juret corâm nobis vel mandato nostro statim. quod ordinationem prœdictam in perpetuum observabit; et expresse jurabit, quod decano qui nunc est, et successoribus ejus, de omnibus quæ ad ipsum pertinuerint, secundùm ea quæ superius dicta sunt, ad manus suas sive ad manus capellanorum suorum occasione dictæ parochiæ provenientibus, medietatem fideliter decano restituet memorato. Cæterùm, quod de omnibus, quæ ad partes pertinent in nos est, ut supradictum est, à partibus compromissum et difficile vel quasi impossibile est quod omnis casus nobis in præsenti occurerit, nobis et successoribus nostris de consensu partium diximus reservandum, ut determinare possumus casus novos alios a præmissis, si averserint inter partes prœdictas, interpretari et declarari omnia dubia vel ambigna, sive minùs clara, si qua fuerint ordinatione præsenti.

Præcipimus etiam sub debito juramenti prædictis decano et presbytero quod in signum approbationis et consensus ipsorum unâ cum sigillo nostro sua siguilla præsenti ordinationi appenant; quam ordinationem etiam quantùm ad successores eorum perpetuo volumus esse ratam. Datum anno domini MCCLIV mense Martio *Ibidem.*

ANNEXE N° 2.

Serment des anciens curés de Saint-Eustache.

Ego N....., presbyter parochialis ecclesiæ Sancti Eustachii parisiensis, juro ad hœc sancta Dei Evangelia manu dexterâ meâ tacta, quod ego, de omnibus quæ ad me pertinerint et ad manus meas sêu capellanorum meorum, occasione parochiæ dictæ ecclesiæ Sancti Eustachii pervenerint, medietatem vobis, dominis meis, decano et capitulo Sancti Germani Autissiodorensis parisiensis, matricis dictae ecclesiæ Sancti Eustachii, fideliter restituam; exceptis illis quæ sunt excepta in compositione olim facta, anno MCCCLIII, mense martio, per dominum R....., Parisiensem épiscopum, inter decanum illius temporis pro se et suis successoribus; quodque dictam compositionem dicti domini R....., nec non concordiam dudum inter hos dictos dominos ex parte unâ, et magistrum Jacobum Parvi, immediatum prœdecessorem meum, factam ex alterâ parte, et per dominum P.....,quondam episcopum Parisiensem confirmatam et approbatam fideliter observabo.

Sic me Deus adjuvet et haec Sancta Dei Evangelia.

De quibus omnibus et singulis supradictis volo fieri unum vel plura, publicum vel publica, instrumenta per notarium hic assistentem, in quo vel in quibus tenor dictarum litterarum dicti domini Petri, quondam épiscopi parisiensis, de quibus ad plenum certificatus sum, inseratur.

Moi N....., prestre de l'église paroissiale de Saint-Eustache, je jure par les Saints-Évangiles de Dieu, placés sous ma main droite, que de tout ce qui m'appartiendra, de tout ce qui sera perçu par moi et par mes chapelains des revenus de ladite église paroissiale de Saint-Eustache, j'en restituerai fidèlement la moitié à vous messeigneurs, doyen et chapitre de Saint-Germain-l'Auxerrois de Paris, pasteur primitif de ladite église de Saint-Eustache, n'en exceptant que ce qui est spécifié dans l'acte de conciliation fait en mars 1353 par Sa Grandeur R... (1), évêque de Paris, de concert avec le doyen de cette époque, pour lui et ses successeurs; j'observerai fidèlement le dit acte de Sa Grandeur l'évêque de Paris et l'accord conclu plus récemment entre les dits seigneurs d'une part, et M. Jacques Petit, mon prédécesseur immédiat, d'autre part, accord confirmé et approuvé par Sa Grandeur P....., autrefois évêque de Paris.

Qu'ainsi Dieu me soit en aide, et ses Saints Évangiles.

De tout ce qui précède, je veux qu'il soit dressé, en une ou plusieurs minutes, par le notaire ici présent, un procès-verbal juridique, dans lequel seront insérées textuellement les susdites lettres de Sa Grandeur Pierre, autrefois évêque de Paris, dont j'ai pris parfaite connaissance.

(1) Il s'agit probablement du règlement de l'évêque Regnault en 1254 et non 1353.

ANNEXE N° 3.

Noms des curés de Saint-Eustache et date de leur nomination

(*Inscrits sur les tables de marbre du banc d'œuvre.*)

1227
Simon.

1253
Guillaume.

1268
Guillaume de Corbeil,
administre la paroisse.

1276
Yves-Le-Breton.

1276
Guillaume de Corbeil,
curé de la paroisse.

1305
Jean de Vaux.

1330
Bernard de Pally.

1331
Rigaud.

1334
Sicard ou Richard de Besoncelle.

1351
Jueno de Beauchastel (1).

1379
Simon de Buci.

1384
Jacques Petit.

1414
Jean-Robert Petit.

1418
Jean Loyer.

1429
Pierre de Mareuil

1443
Nicaise Joye.

1448
Jean Chuffart.

1451
Pierre Richer.

1462
Pierre de Brabant.

1479
Ambroise de Cambray.

1482
Jean Louët.

1496
Jean Balue.

1496
Martin Ruzé.

(1) L'abbé Lebeuf indique en 1352 Pierre de Marolles.

1497
Cosme Guymier.

1502
Antoine de Paris.

1510
Jean Balue.

1537
Jean Lecoq.

1568
René Benoist.

1608
Étienne Tonnelier.

1645
Pierre Marlin (1).

1677
Léonard de Lamet.

1698
F. Robert Secousse.

1729
Jean F. Robert Secousse.

1771
Jean-Jacques Poupart.

(1) L'abbé Lebeuf l'appelle Martin.

1802
Pierre-Louis Bossu.

1828
Jean-Baptiste Vitalis.

1832
Jean-Baptiste Beuzelin.

1833
Charles Collin.

1836
Daniel V. Manglard.

1844
Jean G. Deguerry.

1849
Louis Gaudreau (de Saint-Laurent).

1858
L. Fortuné Simon.

C'est le dernier nom inscrit sur les tables de marbre. Viennent après :

1873
Louis Scheltien.

1884
Louis Guignard.

ANNEXE N° 4.

Circonscription actuelle de la paroisse de Saint-Eustache.

Rues et numéros des maisons.

Argout (d'), de 32 à 60.

Baillif, de 1 à 3.

Bons-Enfants, de 2 à 32.

Bouloi, de 2 à 26 et de 1 à 27.

Bourdonnais (des), de 38 à 44 et de 45 à 47.

Berger, de 4 à 20 et de 5 à 37.

Coq-Héron, de 1 à 9.

Coquillière, de 2 à 42 et de 1 à 45.

Cossonnerie (de la), de 7 à 13.

Croix-des-Petits-Champs, de 2 à 44 et de 1 à 33.

Deux-Écus (des), de 2 à 22 et de 1 à 35.

Dussoubs, de 1 à 21.

Denis (Saint-), de 43 à 65.

Étienne-Marcel, de 24 à 46 et de 27 à 47.

Ferronnerie (de la), de 2 à 14.

Française, de 1 à 13.

Greneta, de 42 à 64 et de 45 à 71.

Gutenberg (occupée provisoirement par l'Hôtel des Postes).

Halles (des), de 24 à 34 et le n° 23.

Herold, de 2 à 20.

Honoré (Saint-), de 2 à 192.

Innocents (des), de 2 à 6 et de 1 à 21.

Jour (du), de 2 à 12 et de 1 à 21.

Jussienne (de la), de 2 à 8 et le n° 11.

Lard (du), de 2 à 10 et de 1 à 3.

Lingerie (de la), de 2 à 10 et de 1 à 17.

Louvre (du), de 26 à 52 et de 5 à 27.

Mandar, de 2 à 18 (IIe arrondissement) et de 1 à 13.

Montorgueil, de 2 à 102 et de 1 à 73.

Montmartre, de 2 à 82 et de 1 à 63.

Mondétour, de 9 à 17.

Montesquieu, de 2 à 8 et 1 à 9 (quartier du Palais-Royal).

Marie-Stuart, du 2 à 24 (IIe arrondissement) et de 1 à 21.

Mauconseil, de 32 à 42 et de 27 à 39.

Oblin, de 2 à 10 et de 1 à 7.

Orléans-Saint-Honoré (d') (absorbée par la rue du Louvre).

Pont-Neuf (du), de 24 à 26 et de 31 à 35.

Poterie (de la), de 2 à 8 et de 1 à 9.

Prouvaires (des), de 2 à 10 et de 1 à 9.

Pélican (du), de 2 à 10 et de 1 à 11.

Pirouette, de 2 à 8 et de 5 à 19.

Pierre-Lescot, de 2 à 8 et de 1 à 7.

Rambuteau (de), de 104 à 116.

Réale (de la), de 2 à 8 et de 1 à 3.

Rousseau (Jean-Jacques), de 2 à 78 et de 1 à 65.

Saint-Sauveur, de 21 à 99 (IIe arrondissement).

Sauval, de 2 à 18 et de 1 à 11.

Tiquetonne, de 26 à 64 (Ier et IIe arrondissements) et de 27 à 41.

Truanderie (de la), de 36 à 38 et de 31 à 47.

Turbigo (de), de 2 à 8 et 1 à 3.

Vannes (de), de 2 à 8 et de 1 à 7.

Vauvilliers, de 2 à 14 et de 1 à 49.

Viarmes (de), de 2 à 22 et de 35 à 37.

Passage d'Athènes (quartier du Palais-Royal).

Cité Montmartre.

Passage du Cloître-Saint-Honoré.

Id. du Saumon (IIe arrondissement).

Id. de la Reine-de-Hongrie.

Id. Véro-Dodat.

Impasse Saint-Eustache.

662. — Imprimerie municipale, Hôtel de Ville. — 1895.

www.ingramcontent.com/pod-product-compliance
Ingram Content Group UK Ltd.
Pitfield, Milton Keynes, MK11 3LW, UK
UKHW021224230726
13926UKWH00003B/1230